CW00392872

Título original: *Travailler avec le sketchnoting. Comment gagner en efficacité et en sérénité grâce à la pensée visuelle*. Publicado originalmente en 2017 por Groupe Eyrolles

Diseño: Hung Ho Thanh
La sketchnote que aparece en la contracubierta es de Philippe Boukobza

Traducción: Álvaro Marcos
Diseño de la cubierta: Toni Cabré/Editorial Gustavo Gili

Cualquier forma de reproducción, distribución, comunicación pública o transformación de esta obra solo puede ser realizada con la autorización de sus titulares, salvo excepción prevista por la ley. Diríjase a Cedro (Centro Español de Derechos Reprográficos, www.cedro.org) si necesita fotocopiar o escanear algún fragmento de esta obra.

La Editorial no se pronuncia ni expresa ni implícitamente respecto a la exactitud de la información contenida en este libro, razón por la cual no puede asumir ningún tipo de responsabilidad en caso de error u omisión.

© de la traducción: Álvaro Marcos, 2018
© Groupe Eyrolles, 2017
para la edición castellana:
© Editorial Gustavo Gili, SL, Barcelona, 2019

Printed in Spain
ISBN: 978-84-252-3146-9
Depósito legal: B. 27831-2018
Impresión: Cachimán Gráfic, SL, Montmeló (Barcelona)

Editorial Gustavo Gili, SL
Via Laietana, 47, 2º, 08003 Barcelona, España. Tel. (+34) 933228161
Valle de Bravo 21, 53050 Naucalpan, México. Tel. (+52) 5555606011

Audrey Akoun • Philippe Boukobza • Isabelle Pailleau

Pensamiento visual para ordenar ideas y fomentar la creatividad

GG®

Índice

Introducción 7

PARTE 1
Sketchnoting para principiantes: fundamentos

1. **Los tipos de letra** 19
2. **La estructura** 23
   Crear una estructura 23
   Los elementos de la estructura 24
3. **Las flechas y las listas** 29
   Las flechas 29
   Las listas con viñetas y las listas numeradas 30
4. **Las ilustraciones** 32
   El alfabeto visual 33
   Los personajes 36
   La expresión de las emociones 37
   Los pictogramas 40
5. **Los colores, las sombras y el efecto ¡guau!** 43
   Los colores 43
   Las sombras 45
   El efecto ¡guau! (técnica para añadir brillo y movimiento) ... 45
   Hora de hacer balance 48

PARTE 2
Sketchnoting para pros: yo "sketchanoto" en el trabajo

6. **Tomar notas y sintetizar** 54
   Los hechos 54
   ¿Y si lo hacemos de otra manera? 54
   Ventajas de tomar notas con sketchnoting 55
   La anotación visual, primer paso hacia el sketchnoting ... 64
   El profesional del sketchnoting en acción:
   cinco preguntas a Marc Bourguignon 67

7. **Bajar el ritmo para reflexionar y organizarse mejor** 71
   Los hechos 71
   ¿Y si lo hacemos de otra manera? 73
   Planificación del tiempo y/o de las actividades 82
   El profesional del sketchnoting en acción:
   cinco preguntas a Raynald Le Nechet 86

8. **Presentar, animar y dirigir con sketchnoting** 88
   Los hechos 88
   ¿Y si lo hacemos de otra manera? 90
   La profesional del sketchnoting en acción:
   cinco preguntas a Almudena Román 102

9. **Comunicar creando infografías** 105
   Los hechos 105
   ¿Y si lo hacemos de otra manera? Del skecthnoting a la infografía 106
   El profesional del sketchnoting en acción:
   cinco preguntas a Tanmay Vora 112

PARTE 3
El rincón del sketchnoter *geek* y otros trucos

10. **Cada maestrillo tiene su *kit* (cuadernos, bolis, rotuladores, etc.)** 116
    Isabelle 116
    Philippe 117
    Audrey 117

11. **Aplicaciones, programas, tabletas y otros juguetes tecnológicos** 118
    Aplicaciones 118
    Programas 121
    Tabletas y dispositivos conectados 121

12. **Bibliografía comentada** 123

13. **Sitios web y redes sociales: ¡abre bien los ojos!** 127

Agradecimientos 131
Biografías de los autores 132

Introducción

>> ¿QUÉ MOSCA NOS HA PICADO? (O "¿NO TENÉIS NADA MEJOR QUE HACER QUE ESOS DIBUJITOS"?)

Llevamos más de una década empleando la técnica del *mind mapping*, los mapas mentales, como herramienta personal para organizar nuestro día a día y también en nuestra actividad profesional como formadores y consultores. Gracias a ella hemos encontrado y cultivado una manera diferente de observar nuestro entorno y de gestionar la información.

Con el tiempo y la experiencia adquirida, Philippe ha desarrollado lo que él denomina *visual mapping* (los mapas visuales), otra serie de recursos en forma de caja de herramientas visuales, accesible a todas las personas.

Por su parte, Isabelle y Audrey han desarrollado la pedagogía positiva, un enfoque "cabeza-corazón-cuerpo" que integra numerosas herramientas visuales para aprender y trabajar de manera más eficaz y placentera.

Los mapas visuales y la pedagogía positiva se usan cada vez más en el ámbito de la empresa para desarrollar una forma de gestión colaborativa, eficaz y amable, que permite a cada persona encontrar un sentido dentro de su propia actividad.

Con todo, aunque los mapas mentales constituyen una herramienta potente y útil, en este libro no queríamos limitarnos dogmáticamente a una sola técnica, ni caer en una suerte de proselitismo ciego. Al expandir nuestro campo de visión y nuestra curiosidad, nos hemos sumergido con gran placer en otros enfoques novedosos; entre ellos, el sketchnoting. Esta práctica consigue liberar la creatividad aún más que los mapas visuales y también bastante más que los mapas conceptuales. Tiene muy pocas limitaciones e invita a dejarse ir. Se trata de una herramienta al servicio de un proceso de creatividad y de innovación, de eficacia y de mejora laboral.

Y como nos gusta compartir nuestros descubrimientos con el mayor número de gente posible, para que cada cual pueda disfrutar del placer de crear y pensar, decidimos escribir una introducción al sketchnoting en nuestra lengua, pues lo cierto es que, hasta ahora, la mayoría de los libros que existen sobre el tema están en lengua inglesa.

» ¿QUÉ ES EL SKETCHNOTING?

El sketchnoting no es más que una manera de tomar apuntes en formato visual, una forma creativa de tomar notas y de organizar la información. Es una herramienta de pensamiento visual que permite transformar todo tipo de información: vídeos, textos, conferencias, cursos... mediante una representación gráfica que combina texto e imágenes en una sola página. Veremos las ventajas de este método un poco más abajo. Atención: no hace falta en absoluto saber dibujar con arte, se trata tan solo de transformar las palabras y las ideas en imágenes simples y espontáneas, y de combinarlas con textos cortos.

El término inglés *sketch* significa "croquis" o "boceto" y *noting* hace referencia a la acción de tomar notas de forma dinámica. Nos podíamos haber rascado la cabeza para intentar buscar una traducción, pero el término *sketchnoting* tiene la virtud de que transmite muy bien una idea de dinamismo (evocada por el sufijo inglés "-ing") y es el que utilizan los sketchers de todo el mundo. Por eso en este libro emplearemos los términos *sketchnoting* y *sketchnotes*.

» ¿Y QUÉ NO ES?

Como veremos un poco más adelante, no se trata de una moda pasajera llegada del otro lado del charco. El sketchnoting no debe confundirse con los diarios creativos,[1] por mucho que ambos métodos compartan un evidente componente creativo similar. Tampoco es lo mismo que los mapas visuales, aunque ambos emplean palabras clave, dibujos sencillos, colores y pictogramas. El sketchnoting no es, en principio, un pasatiempo creativo, si bien nada impide hacerlo por placer, como un hobby. Sí es, sobre todo, un método para simplificar la información y cultivar el pensamiento visual y la creatividad de

---

1 Diario personal que utiliza técnicas de la escritura creativa, el dibujo y el *collage*. Es una herramienta de desarrollo personal.

manera cotidiana. En el sketchnoting, el proceso es tan importante como el resultado, o más.

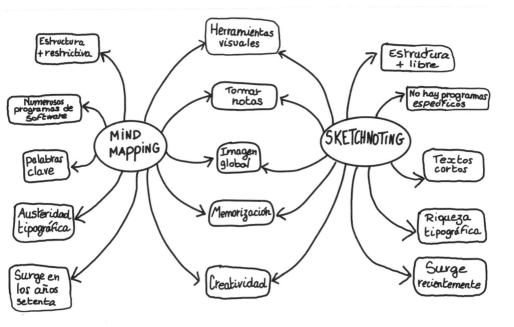

Mapa doble realizado por Philippe. En el centro, las similitudes; a los lados, las características específicas de cada técnica.

» A MEDIO CAMINO ENTRE EL GARABATO Y LA FACILITACIÓN GRÁFICA

A menudo oímos hablar del *doodling* ("hacer garabatos") y de la "facilitación gráfica". El sketchnoting no es ni una cosa ni la otra, sino que está a medio camino entre ambas.

Los garabatos pertenecen al dominio de la improvisación pura: carecen de estructura y de jerarquía, pero permiten liberar la creatividad y pasar al modo visual. Al contrario de lo que suele pensarse, hacer garabatos ayuda a enfocar la atención y a memorizar. Los estudios demuestran que pintarrajear mientras se está escuchando algo puede mejorar la memorización de la información en un 29 %.[2]

Por su parte, la facilitación gráfica constituye una práctica profesional que utiliza las ilustraciones para favorecer la conversación y la reflexión dentro de un grupo. Alimenta y acompaña un proceso de colaboración. Empleando técnicas tomadas a menudo del sketchnoting, el facilitador gráfico conecta, de manera creativa y sintética, las ideas y los argumentos del grupo. Para ello hace falta saber escuchar y transcribir visualmente, sobre una gran superficie y en tiempo real, las interacciones que se producen entre los participantes.

» ¿ES ALGO NUEVO? ¿ACABA DE SURGIR?

Aunque muchos piensen que se trate de una nueva moda llegada de Estados Unidos, basta con observar los cuadernos de apuntes del célebre Leonardo da Vinci para darse cuenta de que esta forma de organizar las ideas existe desde los albores de la técnica. Leonardo pensaba ya en imágenes, en palabras y en esquemas. Y no hace falta tener una cabeza como la suya para hacer lo mismo, se trata de algo muy sencillo.

Más cerca de nosotros en el tiempo, el poeta, escritor y guionista francés Jacques Prévert utilizaba también una técnica similar que, si bien no se llamaba todavía sketchnoting, contenía un gran número de elementos, colores, textos y dibujos. Su trabajo de preparación para la película *Los niños del paraíso* es notable en ese sentido.

En los años 70, en California, los expertos estadounidenses en consultoría sentaron las bases de la facilitación visual o gráfica como una herramienta capaz de capitalizar los intercambios de comentarios que se producen durante una reunión o un seminario. Se genera así, en tiempo real, una síntesis visual que traduce las palabras en imágenes y permite ver aquello que se dice. Este empleo de imágenes simples, de efectos de rotulación y de estructuras sencillas para organizar el espacio visual se acerca ya mucho al sketchnoting, si bien suele contar con superficies de mayor tamaño que el cuaderno de notas y se destina a un fin colectivo. Podríamos considerar al consultor estadounidense

---

2 "What Does Doodling do?", Jackie Andrade, *Applied Cognitive Psychology*, Plymouth University, 2009.

David Sibbet uno de los principales precursores del pensamiento visual, de la facilitación gráfica y del sketchnoting.

Un poco más tarde, a principios de los años 2000, la técnica de toma de apuntes visuales avanza también con la labor y los encuentros organizados por expertos en diseño interactivo. Centrándose en la experiencia de los usuarios, los diseñadores interactivos (UX Designers)[3] conciben los productos y los servicios digitales: sitios web, apps, etc. A menudo recurren al uso de croquis para visualizar rápidamente el aspecto que tendrán un sitio web o una app.

El auge de las tecnologías digitales ha traído aparejada una necesidad permanente de formarse y de estar al día. En todo el mundo se multiplican las reuniones, conferencias y debates dedicados al diseño interactivo. Las notas visuales que se toman durante esos encuentros se comparten después para que los participantes puedan recordar los puntos clave de cada presentación o debate.

El efecto sorpresa que producen los apuntes visuales, a un tiempo lúdicos y sintéticos, ha seducido a la comunidad de los diseñadores interactivos, quienes han ido adoptando gradualmente el método del sketchnoting. Algunos de estos sketchnoters empiezan a ser muy conocidos, como es el caso del diseñador estadounidense Mike Rohde o de la diseñadora alemana Eva-Lotta Lamm, afincada en Londres.

En 2012, Mike Rohde publicó *The Sketchnote Handbook*,[4] el primer intento de formalizar la reglas creativas de esta técnica. Dicha obra se impuso rápidamente como la guía anglófona de referencia sobre la toma de apuntes visuales.

⟫ ¿POR QUÉ HOY?

En la actualidad estamos sometidos a un bombardeo constante de información, que tenemos además que soportar pasivamente. Basta con observar el tratamiento de la información que todas las cadenas y radios hacen de forma continua con ocasión de algún suceso o acontecimiento para percibir esta sensación de indigestión.

---

3 *User Experience Designer*: "diseñador de experiencia de usuario", profesional que concibe y optimiza las interfaces digitales.

4 Mike Rohde, *The Sketchnote Handbook: The illustrated guide to visual note taking*, Peachpit Press, 2012.

La "infobesidad"

Este término es el resultado de contraer las palabras "información" y "obesidad". Hace referencia a la sobrecarga de información a la que nos enfrentamos todos los días.

En el trabajo, el número de correos y documentos que recibimos ha aumentado considerablemente en los últimos años. La información digital se multiplica. Un estudio de la Universidad de California ha demostrado que estamos expuestos a un flujo de información cinco veces superior al de 1986.[5] Durante las reuniones tomamos notas que releemos poco, o nunca, o con mucha dificultad. No suelen ser muy claras, ni agradables de leer, ni solemos contar con mucho tiempo para ello.

El contexto de la comunicación es cada vez más visual y por eso se hace esencial saber "navegar" la información, más que leerla. Esta nueva forma de recabar la información se desarrolla como una estrategia cognitiva. Eso no significa que tengamos que dejar de disfrutar del placer de la lectura. El goce de devorar novelas sigue estando ahí. Todos somos grandes consumidores de relatos, de historias y de noticias, ya sea en papel o en versión digital, y seguimos sintiendo el placer que proporcionan los libros. De lo contrario, no tendrías este ejemplar entre las manos. Con todo, en un entorno de trabajo que se vuelve cada vez más pesado, se hace imperativo aligerar la masa de información a la que estamos expuestos y simplificarla para evitar una sobrecarga cognitiva y el riesgo de acabar completamente quemados al final del camino.

⟫ BIENVENIDOS A UN MUNDO VICA

Al contexto actual, en el que los cambios son constantes y cada vez más rápidos, a veces se le denomina "entorno o mundo VICA". Este contexto nos empuja a utilizar nuevos enfoques y métodos para cambiar nuestra mirada e imaginar nuevas soluciones. El sketchnoting nos va a permitir acceder a esa nueva mirada y cultivar nuestra creatividad en el día a día.

---

5 Fuente: Richard Alleyne, "Welcome to the information age – 174 newspapers a day", *The Telegraph*: http://www.telegraph.co.uk/news/science/science-news/8316534/Welcome-to-the-information-age-174-newspapers-a-day.html

El entorno VICA

Se trata de un concepto formulado por el ejército de Estados Unidos en los años 90 y que alude a la Volatilidad, la Incertidumbre, la Complejidad y la Ambigüedad del contexto en el que evolucionamos. Un entorno incierto en el que hace falta adoptar un nuevo enfoque y nuevas técnicas para sobrevivir.

Grupos como Zara, Google o Netflix han estimado muy oportuno adaptar el enfoque VICA al medio empresarial, enfrentado a una complejidad y una incertidumbre siempre crecientes.

» EL SKETCHNOTING: UNA HERRAMIENTA DE "CABEZA, CORAZÓN Y CUERPO"

Audrey e Isabelle conciben la pedagogía positiva como una aproximación amable y ecológica al aprendizaje y al trabajo. Se basa en un postulado que integra la cabeza, el corazón y el cuerpo en el trabajo; es decir, los aspectos cognitivos, emocionales y físicos. El sketchnoting se inscribe plenamente en este enfoque global. Forma parte de los nuevos modos de trabajo que combinan la eficacia profesional con el disfrute de la actividad laboral y que reintegran el gesto al ámbito de la acción.

Los métodos ágiles nacieron en el sector de las nuevas tecnologías hace unos 15 años. La búsqueda de la eficacia colectiva asociada al empleo de herramientas visuales y lúdicas está renovando la gestión de las empresas tecnológicas. La toma de apuntes visuales avanza progresivamente, siguiendo el ejemplo de los diseñadores, y gana terreno como herramienta de registro de reuniones y conferencias. Así, hoy son muchos los "agilizadores" que han adoptado el método del sketchnoting.

La facilitación gráfica se sirve, pues, de las técnicas del sketchnoting para compartir y hacer comprensibles los debates e intercambios colectivos. Se habla también de "registro gráfico" (*graphic recording*), una de las técnicas de la facilitación gráfica.

Se trata de una forma de afirmar un enfoque colaborativo, lúdico e innovador del trabajo.

⟩⟩ ¿QUÉ VENTAJAS TIENE?

Como acabamos de ver, el sketchnoting se apoya en elementos que atraen la mirada, como los amantes. Eso nos obliga a fijarnos en lo esencial y a aumentar nuestra concentración. Desarrollamos una mayor capacidad de escucha y de síntesis para poder reagrupar en una sola página la información sobre un tema. En un mundo cada vez más desmaterializado (agendas digitales, música en *streaming*, podcasts, fotografía digital... la lista es larga), volver a usar la mano para materializar nuestras ideas supone retomar una forma más natural de gestionar la información. Es divertido pensar, en este sentido, que son precisamente los diseñadores de experiencias (responsables de que puedas jugar al Mario Kart® o conectarte a Google) quienes han provocado el resurgimiento del "papel y lápiz" para la toma de apuntes visuales, y los que han convertido el sketchnoting en una corriente con tanto seguimiento.

Las herramientas de pensamiento visual como el sketchnoting permiten simplificar la complejidad. A eso es a lo que llamamos "simplejidad".

La simplejidad

La simplejidad es una noción emergente en ingeniería y neurociencia que hace referencia al arte de convertir en sencillas, legibles y comprensibles las cosas complejas.

De la misma manera que lo "complejo" no debe confundirse con lo "complicado", lo "simplejo" no debe confundirse con lo "simple".

Una "cosa simpleja" es "una cosa compleja cuya complejidad ha sido deconstruida de manera que pueda explicarse de manera simple" (fuente: Wikipedia).

Con el sketchnoting lo que buscamos es la simplejidad, la vía para desenredar lo complejo y representarlo de una forma sintética y simplificada.

A medida que el pensamiento visual gana presencia en nuestro entorno (infografías, interfaces digitales, mapeo mental...), el lenguaje visual se convierte en el lenguaje que todos podemos compartir. Está menos sujeto a barreras culturales y normativas que el lenguaje verbal y favorece un modo no lineal de adquirir conocimientos.

El sketchnoting es una forma de trabajar esta competencia cada día. Los anglosajones llaman a esta competencia "alfabetización visual" (*visual litteracy*).

Con frecuencia explicamos a los directivos a los que asesoramos que la práctica cotidiana del sketchnoting para tomar apuntes es una forma de cultivar una actitud que invita a a la creatividad y la innovación.

El sketchnoting a la luz de las ciencias cognitivas

Las ciencias cognitivas son un conjunto de disciplinas científicas dedicadas al estudio y la comprensión de los mecanismos del pensamiento. En ellas convergen las neurociencias, la psicología, la lingüística y la inteligencia artificial.

En los últimos años, los descubrimientos de las ciencias cognitivas nos han permitido constatar que en nuestro cerebro tenemos más neuronas dedicadas a la visión que a todos los demás sentidos juntos. Esta capacidad para construir imágenes funciona incluso cuando tenemos los ojos cerrados o cuando dormimos.

La componente dominante de nuestra percepción sensorial es visual. Y todos nos apoyamos sobre esta preferencia, incluso los discapacitados visuales, ya que pueden generar representaciones visuales y espaciales interiores.

Estudios recientes muestran que interpretamos más rápido una imagen que una palabra. Bastan 11 milisegundos para reconocer una imagen. La utilización del sketchnoting nos permite adaptarnos a esta lógica del barrido visual en lugar de a la lectura lineal. Coincide en esto con los nuevos hábitos de consulta de contenidos digitales (lectura en tabletas, pantallas de ordenador, *smartphones*...).

Volver a usar la mano

El sketchnoting permite recuperar el placer de utilizar la mano, algo que perdemos usando tantos teclados. Se ha demostrado que, en términos de aprendizaje, tomar apuntes a mano conlleva un rendimiento superior al de hacerlo con ordenador, sobre todo en lo que compete a la comprensión de conceptos.

Cuando tomamos apuntes con el ordenador, tenemos tendencia a intentar anotarlo todo. Con los apuntes manuales, en lugar de intentar apuntarlo todo, tratamos de reformularlo, lo que favorece la asimilación del contenido. Las personas que toman apuntes a mano tienen que resumir y esquematizar lo que escuchan, jerarquizando la información. Los avances de las nuevas tecnologías son absolutamente asombrosos y pocas personas estarían dispuestas a volver atrás, a los tiempos del Minitel o de los teléfonos fijos, que no nos dejaban tener conversaciones tranquilas con nuestros amigos lejos de los oídos de nuestros padres. Aun así, no siempre hacen falta los avances tecnológicos. Por viejos que sean, el lápiz y el papel nos bastan y nos sobran cuando se trata de hacer que la información resulte vívida y deje de ser aburrida e insípida, como dice Dan Roam.[6]

» LO QUE VAS A ENCONTRAR EN ESTE LIBRO

No todo el mundo sabe dibujar, pero todo el mundo puede pensar con imágenes.

Si tienes este libro entre las manos, quiere decir que albergas en tu interior un pequeño deseo de empezar a hacer las cosas de otra forma, de recuperar el placer de escribir, de crear imágenes que aumenten tu eficacia en el trabajo sin perder el zen.

Para ayudarte a lograrlo, te acompañaremos paso a paso por el camino que recorremos para convertirnos en sketchnoters sin complejos. En primer lugar aprenderás los fundamentos del sketchnoting y te ejercitarás en ellos. Después exploraremos contigo las diferentes prácticas profesionales en las que el sketchnoting es un valor añadido.

Finalmente, aprenderás que, si bien el sketchnoting puede practicarse con un boli y un papel, existen también soluciones tecnológicas muy atractivas.

Al final del libro, esperamos que no te quede ningún complejo a la hora de integrar el sketchnoting en tu práctica profesional cotidiana. Nos gustaría que pudieras experimentar las ventajas del sketchnoting y sus múltiples aplicaciones en el mundo de la empresa. Por encima de todo, deseamos que esta nueva herramienta te permita aligerar la cabeza y (re)encontrar el placer en tu actividad profesional.

6   Autor de *Tu mundo en una servilleta*, Ediciones Gestión 2000, 2017.

PARTE

1

Sketchnoting para
principiantes:

fundamentos

A continuación vas a dar tus primeros pasos con el sketchnoting. Te acompañaremos etapa por etapa. Una pequeña advertencia antes de comenzar. Recuerda que, cuando estabas aprendiendo a montar en bicicleta, no te retiraste tras la primera caída. Lo mismo puede aplicarse al capítulo que estás a punto de abordar.

Por eso te pedimos que no juzgues tu trabajo durante estos ejercicios. Date un poco de margen y permite que tu esfuerzo y tus progresos sirvan para animarte. En el sketchnoting no hay sketchnotes buenas o malas como tales. Aun así, para hacer una sketchnote no basta con hacer algún dibujito y meter un par de palabras aquí y allá. Debe estar compuesta de un cierto número de elementos a los que pasaremos revista a continuación. El sketchnoting tampoco es bello en un sentido absoluto. Por lo tanto, también conviene suspender el juicio estético.

Cada cual debe hallar el estilo que más le convenga según lo que mejor le funcione. Hay a quienes les gustan las cosas más esquemáticas y quienes prefieren técnicas más avanzadas, por ejemplo con rayados y sombreados.

Puede que hayas oído hablar del doodling, o visto algún ejemplo. Seguro que lo haces a veces mientras hablas por teléfono, sin saber que estás doodleando. Consiste en hacer pequeños dibujos o garabatos. El doodling constituye una etapa inicial para adentrarse en la práctica del sketchnoting.

Así pues, todo listo para entrar en el mundo del sketchnoting...

Los tipos de letra

Una de las características principales del tipo de letra que uses es que debe garantizar la legibilidad de tus sketchnotes. Proponemos usar al menos tres familias de caracteres, de modo que contemos de salida con tres niveles jerárquicos para organizar nuestro texto. Por lo general, el primer nivel se correspondería con las mayúsculas, el segundo con las versalitas y el tercero con las minúsculas, para así lograr una legibilidad óptima.

Después podrás ir ampliando gradualmente tu repertorio de tipos de letra y dar rienda suelta a tu creatividad. A medida que vayas ganando experiencia, disfrutarás creando más niveles jerárquicos. No dudes en fijarte en todo tipo de documentos, carteles o logotipos para buscar inspiración.

A continuación te mostramos unos ejemplos de tres niveles de jerarquía sencillos hechos por nosotros mismos:

NUEVO
nuevo
nuevo

NUEVO
NUEVO
nuevo

NUEVO
NUEVO
Nuevo

Audrey — Isabelle — Philippe

Y aquí puedes ver otros tres ejemplos de niveles jerárquicos un poco más elaborados, que permiten enriquecer tus notas:

 NUEVO   NUEVO   NUEVO
NUEVO   nuevo   NUEVO
nuevo   nuevo   Nuevo

—— Audrey ——————— Isabelle ——————— Philippe ——

Si cargas en tu navegador (Safari, Chrome, etc.) el *plug-in* gratuito What Font, podrás averiguar el nombre de cualquier tipo de letra que te inspire y que descubras en internet. ¡Sí! Es un supertruco para facilitarte la vida y agudizar tu ojo para la tipografía. Solo hay una excepción: aquellos casos en los que la tipografía forme parte de una imagen. Eso sí, ten mucho cuidado, porque las familias tipográficas chulas crean adicción.

Notre sélection de typographies

KG Blank Space

MOON FLOWER

Grobold

¡ESTOY BUENO!

Flim Flam

A Little Sunshine

Wide Open Space

Manero

CamelotDeNada

Para inspirarte, hemos incluido aquí una selección de los tipos de letra que son nuestros favoritos ahora mismo. Se puede acceder a todos ellos de forma gratuita en el sitio web Dafont.com.

Si quieres obtener un resultado que combine claridad y capacidad de impacto, te aconsejamos que, en el momento de escribir los títulos, los subtítulos y otros textos diversos, consideres cada letra como un diseño que tiene importancia en sí mismo. Para ejercitarte, puedes reproducir palabras o frases cortas, o bien trazar un alfabeto entero con un tipo de letra en concreto.

Es importante comprender que, en una sketchnote, la palabra puede convertirse ella misma en un elemento gráfico, sobre todo en el caso de los títulos y de las palabras clave que queremos destacar.

He aquí algunos ejemplos para aprender a distinguir los tipos de letra "con remates" (llamados también "serif" o "con serifa") y los tipos de "palo seco" ("sans serif"). Los remates o serifas son las pequeñas terminaciones o extensiones que lucen los caracteres de algunas familias.

SERIF   SANS SERIF   SERIF   SANS SERIF

SERIF   SANS SERIF   SERIF   SANS SERIF

¡Hora de jugar!

1 Ejercítate copiando las siguientes palabras en tres niveles jerárquicos diferentes cada una:

REUNIÓN / OBJETIVO / PROYECTO / EQUIPO / PROMOCIÓN

....

....

....

....

....

2 Ahora que ya has entrado en acción, haz lo propio con las siguientes frases:

• Adoro a mi compañero de trabajo y a mi jefe (sí, sí ;-).

• Mi oficina está decorada muy bonita.

....

....

... /...

3 Y, para acabar, un pangrama (una frase que incluye todas las letras del alfabeto):

El cadáver de Wamba, rey godo de España, fue exhumado y trasladado en una caja de zinc que pesó un kilo.

....

....

¡Bravo!

Ahora escoge 10 palabras relacionadas con tu entorno laboral y escríbelas usando diferentes tipos de letra de tu elección.

Ejemplos:

• Si trabajas en el sector bancario: inversión, préstamo, intereses…

• Si trabajas en el sector agroalimentario: OGM-free, ecología, productos bio…

• Si trabajas en el sector de las nuevas tecnologías: cloud, servidor, aplicaciones, geek…

¡Te toca!

....

....

....

....

....

....

....

» CREAR UNA ESTRUCTURA

A diferencia de otras técnicas visuales como los mapas mentales, el sketchnoting es menos restrictivo en términos de estructuración del espacio. Nos deja más libertad para disponer la información como mejor nos parezca, algo que puede desconcertar a algunas personas.

La hoja puede orientarse en modo paisaje (horizontal) o en modo retrato (vertical). Ojo, si nos ponemos a tomar notas sobre la hoja sin ningún orden ni concierto, nos arriesgamos a perder claridad, sea cual sea la orientación de la hoja. Para ayudarte a arrancar, hemos incluido aquí algunos trucos y recomendaciones.

Es importante pensar en el recorrido visual y en el sentido de la lectura. A continuación mostramos seis tipos de estructura que solemos emplear nosotros. Esta presentación no es muy exhaustiva. Hay tantas estructuras susceptibles de ser exploradas por la imaginación y tantas maneras de organizar el espacio como usuarios.

- La estructura 1 utiliza el espacio de manera lineal, en bandas superpuestas.
- La estructura 2 lo hace en vertical, por columnas, y puede ser útil, por ejemplo, para registrar un debate en el que intervienen dos o tres personas. Es muy práctica a la hora de desplazarse de una columna a la otra en función de los elementos que contiene cada una.
- La estructura 3 es modular e identifica claramente zonas en las que los elementos se agrupan por temas. La estructura 4 establece un flujo, que podemos optar por señalizar o no con flecha y/o números, facilitando la orientación de la mirada en la lectura.
- La estructura 5 es circular y el título aparece centrado en la hoja: los elementos se añaden a partir de ese centro siguiendo un eje circular.
- La estructura 6 también es centrada, como la 5, pero la hoja está compartimentada para poder identificar fácilmente los elementos.

—· ESTRUCTURAS ·—

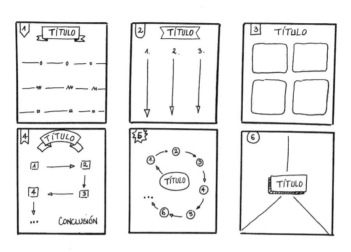

Algunos ejemplos de estructuras

Disponemos asimismo de muchos elementos que nos van a permitir delimitar las zonas, destacar aspectos importantes y guiar la mirada al organizar la información: los separadores, los contenedores (también llamados "cajas", "cuadros" o "banderas"), las flechas y las listas con viñetas.

⟫ LOS ELEMENTOS DE LA ESTRUCTURA

Títulos y subtítulos

Al crear los títulos principales, lo mejor es colocarlos en un lugar preferente, ya sea arriba del todo o en el centro de la hoja. Utiliza para ello una tipo de letra de nivel 1. Puedes encuadrarlos en una caja o bandera (ver página opuesta). A continuación, coloca los subtítulos siguiendo la estructura que hayas elegido y empleando un tipo de letra de nivel 2.

Los títulos y los subtítulos pueden destacarse con el simple añadido de trazos brillantes (ver "El efecto ¡guau!" en la página 45).

Banderas y banderines

Las banderas pueden considerarse como un tipo específico de contenedor.
Existen diferentes tipos de banderas, que van de la más sencilla a la más
elaborada. La bandera clásica, la de "pergamino", la abombada, el banderín...
Te corresponde a ti elegir cuál se adapta mejor a tu contexto y a tus gustos.

Ejemplos de banderas y fases de creación de una bandera clásica

Escoge algunas de las palabras que te han servido para entrenarte en
el ejercicio anterior y transfórmalas en títulos con una bandera diferente
para cada palabra.

Los separadores

Los separadores ayudan a estructurar el espacio.

Resultan muy útiles cuando estamos empezando porque ayudan a crear puntos de referencia en el espacio de la hoja. Algunos sketchnoters de prestigio siguen utilizándolos. Una vez has trazado las líneas, se puede repasar ese trazo con un rotulador gris y crear una especie de sombra que aumente el impacto visual, como se muestra en el ejemplo de debajo.

He aquí algunos ejemplos de separadores en una misma sketchnote:

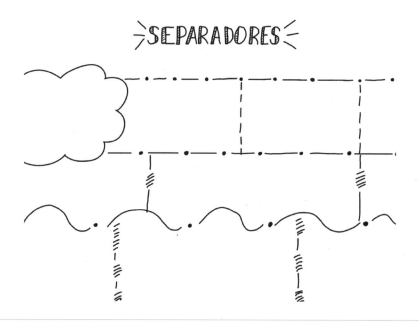

Los contenedores

Cuadros, pancartas, nubes, bocadillos... Todo aquello que rodea palabras o textos cortos se considera un contenedor. Existen también contenedores "abiertos" que ayudan a destacar los textos o los subtítulos. Los encontramos asociados a una tendencia *vintage*.

He aquí algunos contenedores sencillos y rápidos:

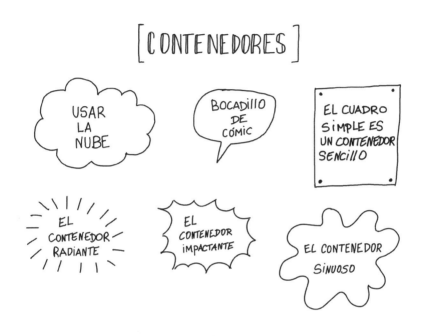

¡Hora de jugar!

He aquí una nota sin separadores ni banderas. Te toca a ti añadir los elementos que faltan como creas más conveniente para organizar esta skecthnote de la manera más legible y clara posible.

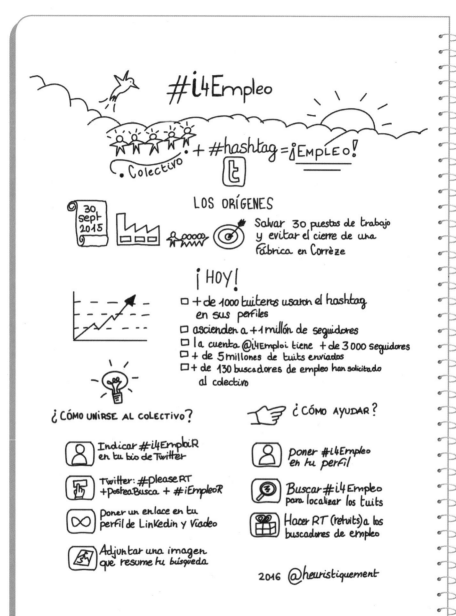

#i4Empleo

Colectivo + #hashtag = ¡EMPLEO!

LOS ORÍGENES

30 sept 2015

Salvar 30 puestos de trabajo y evitar el cierre de una fábrica en Corrèze

¡HOY!

☐ + de 1000 tuiteros usaron el hashtag en sus perfiles
☐ ascienden a +1 millón de seguidores
☐ la cuenta @i4Emploi tiene + de 3 000 seguidores
☐ + de 5 millones de tuits enviados
☐ + de 130 buscadores de empleo han solicitado al colectivo

¿CÓMO UNIRSE AL COLECTIVO?

- Indicar #i4EmploiR en tu bio de Twitter
- Twitter: #please RT +postea.Busca + #iEmpleoR
- Poner un enlace en tu perfil de LinkedIn y Viadeo
- Adjuntar una imagen que resume tu búsqueda

¿CÓMO AYUDAR?

- Poner #i4Empleo en tu perfil
- Buscar #i4Empleo para localizar los tuits
- Hacer RT (retuits) a los buscadores de empleo

2016 @heuristiquement

3 Las flechas y las listas

» LAS FLECHAS

Son elementos esenciales del sketchnoting porque sirven para conectar las palabras y las ideas y para guiar la mirada durante la toma de apuntes visuales.

La flecha sigue también esos principios del sketchnoting que permiten comenzar con formas sencillas, de trazo rápido, y utilizar después efectos de sombreado y profundidad más complejos en función del contexto y del tiempo del que disponemos mientras tomamos las notas.

A continuación te mostramos algunos ejemplos que pueden servirte de inspiración:

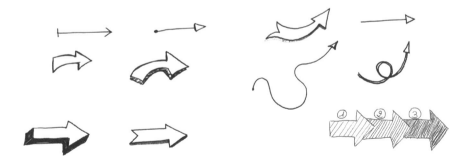

⊗ LAS LISTAS CON VIÑETAS Y LAS LISTAS NUMERADAS

Permiten crear listados y jerarquizar ideas.

Aquí también hay numerosas variantes posibles, que van de un sencillo punto a las formas más fantasiosas.

¡Hora de jugar!

A continuación se muestra una lista de viñetas sin viñetas. Te toca a ti crear viñetas de estilos distintos inspirándote en los ejemplos anteriores. Así descubrirás cuáles son las que mejor se adaptan a tu estilo para usarlas luego en tus sketchnotes. Con la práctica aumentarán tu fluidez y velocidad.

4 Las ilustraciones

El experto en pensamiento visual Dan Roam afirma que si sabemos escribir, sabemos dibujar. Todos somos capaces de dibujar formas simples. Lo aprendemos muy pronto, en la guardería. Son los gestos básicos que luego nos servirán para trazar las letras y los números y que, con la práctica, nos permiten escribir de una manera fluida. Se trata de formas sencillas. La línea nos permite hacer cuadrados, triángulos o rectángulos. El círculo nos permite hacer óvalos.

Para comenzar, es muy útil dominar las formas básicas, un número limitado de figuras que nos ayudarán a construir nuestras sketchnotes, y más adelante a pulir su acabado. Eva-Lotta Lamm, una reconocida sketchnoter, recomienda ejercitarse dibujando con regularidad líneas, círculos, triángulos y rectángulos para desarrollar nuestra memoria cinestésica. Una vez dominemos el trazo de las formas simples, nuestros apuntes visuales resultarán más fluidos y estéticos.

¡Hora de jugar!

Aquí puedes ver una cuadrícula que te ayudará a ejercitarte en el trazado de formas simples. No tengas reparos en variar las dimensiones de las formas geométricas.

Veintiséis signos gráficos universales que se usan desde la noche de los tiempos

Un descubrimiento reciente nos lleva a preguntarnos por los orígenes de la comunicación gráfica. ¿Por qué podemos ver las mismas 26 formas abstractas repartidas por las paredes de las grutas prehistóricas de todos los continentes desde hace decenas de miles de años?

Geneviève von Petzinger es antropóloga e investigadora en la Universidad de Victoria de Canadá. Sus estudios se centran en los signos que acompañan las representaciones de animales en las cuevas prehistóricas.

Empleando una base de datos, inventarió y clasificó los signos identificados en 146 cuevas francesas. A continuación llevó a cabo sus propias investigaciones sobre el terreno y exploró una cincuentena de cuevas en Francia, España, Portugal e Italia. Luego amplió su investigación a signos prehistóricos hallados en todo el mundo, identificando más de 5000.

Al cruzar los datos, Von Petzinger se dio cuenta de que había 26 signos que estaban inventariados en todos los continentes, los cuales se habían utilizado ¡durante más de 30 000 años!

Se trata, de alguna forma, de signos universales. El único país en el que halló los 26 signos íntegros fue en Francia.

Si estudiamos el alfabeto visual (ver a continuación) con los 26 signos de Geneviève von Petzinger, advertimos que todos los elementos del alfabeto visual están comprendidos en esos signos gráficos universales. Las técnicas de pensamiento visual nos conectan así con los signos gráficos universales de nuestros ancestros lejanos.

⟫ EL ALFABETO VISUAL

La idea de un alfabeto visual fue propuesta originalmente por Dave Gray, experto estadounidense en pensamiento visual.

Es una herramienta que nos ayuda a simplificar las imágenes que incluiremos en nuestras sketchnotes. Nos ayuda también a ir construyendo gradualmente nuestro vocabulario gráfico. Casi todo lo que observamos puede descomponerse en formas básicas.

A continuación proponemos una versión simplificada del alfabeto visual:

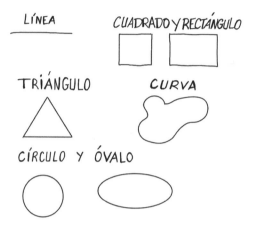

La repetición de los movimientos, como en un entrenamiento, nos ayudará a desarrollar un gesto fluido para nuestros trazos. Al entrenarnos ganaremos en agilidad y en calidad para desarrollar nuestro lenguaje visual.

Ejemplo de una taza de café: foto/dibujo

¡Hora de jugar!

1 Ahora que ya sabes todo esto, te proponemos un pequeño ejercicio. Mira a tu alrededor y fíjate en las líneas, los cuadrados, los rectángulos, los círculos… la idea es ejercitar tu ojo en la práctica de reconocer formas y descomponerlas.

2 Apoyándote en el uso del alfabeto visual, simplifica las imágenes siguientes:

Imagen original	Imagen simplificada

⊗ LOS PERSONAJES

Para humanizar tus sketchnotes, te aconsejamos que incluyas personajes o caras, siempre con un enfoque sencillo y evocador. Seguro que estás pensando que eso ya es demasiado complicado. Recuerda, sin embargo, que sabes trazar líneas, rectángulos y círculos. Por lo tanto, también sabes dibujar personajes adaptados al sketchnoting.

Monigote de palos   Monigote rectangular   Monigote de estrella

Como ves, nuestros personajes no tienen rostro. Eso permite mantener un tono neutro, evitar los detalles y así dibujar más personajes. Los podemos diferenciar añadiendo algún accesorio, algún color, un bigote, una bufanda o cualquier otro elemento que sirva para caracterizarlos. También puedes escribir el nombre de la persona sobre el dibujo.

Dan Roam suele emplear personajes ultrasimples a los que añade una sencilla expresión facial, como se muestra en el ejemplo de la derecha.

Los monigotes también pueden ser "monigotas". Aquí mostramos el proceso para dibujar un personaje femenino.

» LA EXPRESIÓN DE LAS EMOCIONES

Jugando sobre todo con la forma de las cejas y de la boca, podemos expresar fácilmente diferentes emociones. Aquí mostramos la representación de algunas emociones simples en un estilo similar al de los emoticonos.

| Alegría | Entusiasmo | Sorpresa | Miedo |

| Enfado | Furia | Tristeza | Complicidad |

El lenguaje corporal de las figuras simples también sirve para expresar emociones. He aquí algunos ejemplos:

| Orgullo | Tristeza | Bienestar |

| Gran alegría | Victoria | ¡Yes! |

¡Hora de jugar!

¿Así que siempre habías pensado que no sabías dibujar? Te toca practicar.

He aquí una serie de hombrecillos de negocios que representan las nociones de "presentación", "acuerdo", "éxito", "progresión", "trabajo colectivo"...

Úsalos como inspiración y ejercítate reproduciéndolos con tu propia mano. Después crea otros nuevos.

⑨ LOS PICTOGRAMAS

El diccionario Larousse define *pictograma* como un "dibujo figurativo o simbólico que reproduce el contenido de un mensaje sin referirse a su forma lingüística". Se trata de un lenguaje que emplea iconos, esto es, un lenguaje icónico.

Esta clase de lenguaje es anterior al desarrollo de la escritura. El cerebro humano lleva casi 40 000 años utilizando el lenguaje icónico, menos de 3000 usando la escritura y un poco más de 500 años empleando la tipografía. En otras palabras, la interpretación de la información icónica está anclada en nuestros hábitos cognitivos. En la actualidad manejamos muchísimo lenguaje icónico en la vida cotidiana: en los transportes (la señalética), la informática, los *smartphones*...

La información icónica, o por pictogramas, hace que el contenido que se comunica sea muy accesible, incluso aquellas personas con una débil competencia lingüística son capaces de interpretar los pictogramas y los símbolos. Por esa razón durante la Edad Media la Iglesia empleaba profusamente ese tipo de comunicación, con el fin de dirigirse a un público en su mayoría analfabeto. También los niños pequeños hacen hoy uso de los dispositivos electrónicos apoyándose en el reconocimiento de pictogramas, aunque no sepan leer.

En situaciones en las que hay que tomar decisiones con rapidez, comunicar la información por medio de imágenes sencillas es más eficaz que comunicarla de forma escrita, ya que su procesamiento permite mayor velocidad. La globalización favorece este tipo de lenguaje, muy útil para los viajes, los transportes, etc. La empresas multinacionales también han desarrollado en los últimos años símbolos para su comunicación interna. Cada vez que se celebran los Juegos Olímpicos, la ciudad organizadora siempre crea sus propios pictogramas.

Para poder interpretar la información icónica, el contexto es determinante. Puede que un pictograma impreso en un vaso no signifique lo mismo en el menú de un restaurante que en un botiquín. Existe por tanto un riesgo que tiene que ver con la posible pluralidad de significados que entraña la información icónica, una potencial falta de precisión en comparación con la escritura.

Por esa razón, en el sketchnoting resulta muy útil emplear imágenes y palabras a la vez. La información icónica aumenta el atractivo de nuestras notas y facilita su memorización. El texto aporta la precisión.

En resumen, un pictograma es la representación de una idea mediante una imagen simple. El pictograma más famoso del mundo probablemente es el que nos permite encontrar el baño, dondequiera que estemos en el mundo.

A continuación puedes ver algunos de los principales pictogramas que utilizamos nosotros:

	Audrey	Isabelle	Philippe
Objetivo			
Proyecto			
Equipo			
Reunión			
Urgente			

Y... ¡sí!, cada quien tiene su estilo. ¡Ahora te toca a ti!

¡Hora de jugar!

¡Crea tu propia pictoteca!

Retoma las palabras que habías escogido de tu contexto laboral y dibuja para cada una de ellas un pictograma que te resulte lo más evocador posible. Utiliza las formas básicas y haz algo sencillo. Recuerda que no eres Miguel Ángel pintando la Capilla Sixtina.

Mis palabras	1er intento	2º intento	3er intento

5 Los colores, las sombras y el efecto iguau!

» LOS COLORES

Con el mismo objetivo de mantener la simplicidad y la legibilidad, otra de las claves del sketchnoting, el uso del color, se orienta siempre hacia la sobriedad y la creación de sentido.

El color permite resaltar el contenido y generar impacto visual. Los sketchnoters suelen usar colores complementarios como el azul y el naranja, el verde y el rojo... que captan mejor la atención.

El color estimula el interés, despierta la mente, facilita la memorización y denota una voluntad puramente estética para aquellos que son más sensibles a ese aspecto. Conviene encontrar un equilibrio y, sobre todo, conviene que encuentres tus propios colores. Una sketchnote repleta de colores distintos resultará menos legible, porque será más difícil de descifrar.

A continuación puedes ver un ejemplo de sketchnote en la que se aprecia el empleo de dos colores complementarios, azul y naranja.

@akounaudrey – *Coaching para definir un cliente-objetivo*

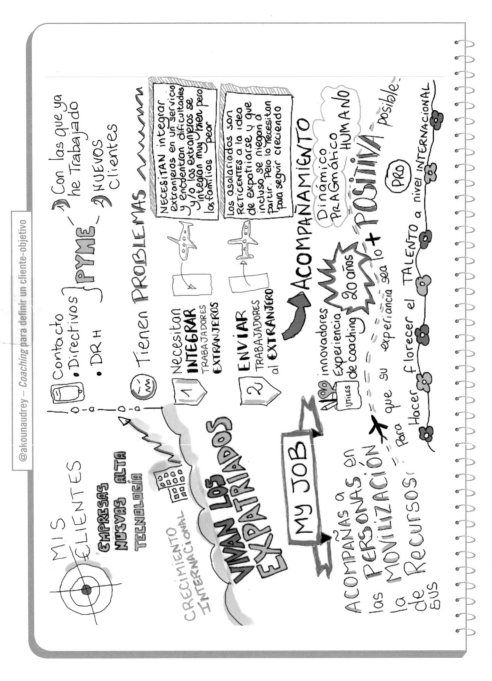

⟫ LAS SOMBRAS

La técnica del sombreado sirve para destacar ciertos elementos de la sketch-note (ya sean palabras o dibujos) y crear un efecto de relieve. Su aplicación produce de inmediato un resultado más agradable y más profesional.

Existen dos métodos: el de sombrear o rayar y el de repasar con rotulador una parte del contorno.

	Audrey	Isabelle	Philippe
Taza			
Ordenador			
Una palabra	Yes!	SUPER!	AVANCE

⟫ EL EFECTO ¡GUAU! (TÉCNICA PARA AÑADIR BRILLO Y MOVIMIENTO)

El artista Keith Haring fue uno de los pioneros del efecto ¡guau! La técnica procede del ámbito del cómic. Consiste en aplicar pequeños trazos que generan un efecto de movimiento y/o brillo, como sucede, por ejemplo, al aplicarlo sobre la cabeza de los personajes.

Podemos obtener un efecto ¡guau! en los títulos y los contenedores añadiendo explosiones o trazos gruesos.

Debajo figuran algunos ejemplos que pueden inspirarte para desarrollar tus propios efectos ¡guau!:

¡Hora de jugar!

Comprueba ahora tus conocimientos sobre una sketchnote.

Fijándote en la sketchnote de la página siguiente, define los elementos indicados por los números:

1. ....

2. ....

3. ....

4. ....

5. ....

6. ....

7. ....

Muy bien, acabas de meter un pie, un dedo, un boli, un lápiz... en el maravilloso mundo del sketchnoting. Ahora te proponemos una pequeña pausa antes de pasar a la segunda parte. Podrás hacer balance de aquello que ya dominas, de lo que empiezas a entender y de lo que te falta.

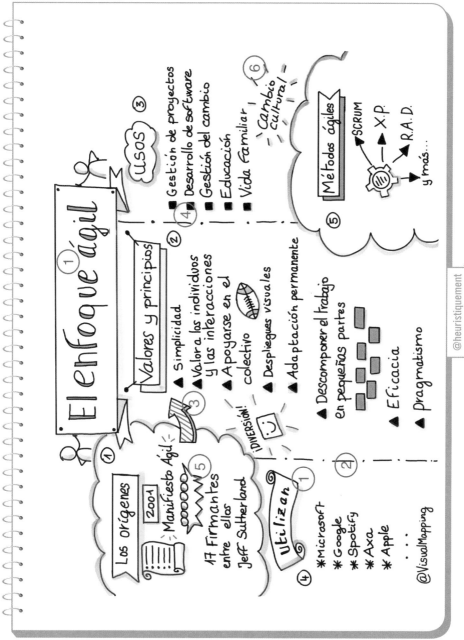

El enfoque ágil

USOS ③

④
- Gestión de proyectos
- Desarrollo de software
- Gestión del cambio
- Educación
- Vida familiar
- Cambio cultural

⑥

Métodos ágiles
⑤
- SCRUM
- X.P.
- R.A.D.
- y más...

Valores y principios ②

③
▲ Simplicidad
▲ Valora los individuos y las interacciones
▲ Apoyarse en el colectivo
▲ Despliegues visuales
▲ Adaptación permanente

¡DIVERSIÓN!

▲ Descomponer el trabajo en pequeñas partes
▲ Eficacia
▲ Pragmatismo

Los orígenes ①

2001
- Manifiesto Ágil ⑤
- 17 Firmantes entre ellos Jeff Sutherland

Utilizan ①
②
* Microsoft
* Google
* Spotify
* Axa
* Apple
...

④ @VisualMapping

@heuristiquement

HORA DE HACER BALANCE

» LO QUE YA SÉ HACER

	Aún no	Ya he empezado	Me sale genial
Me ejercito con la tipografía.	❏	❏	❏
Sé crear tres niveles jerárquicos de contenido.	❏	❏	❏
He elegido mi(s) tipografía(s) preferida(s).	❏	❏	❏
He escogido una o dos estructuras que me sirven.	❏	❏	❏
Sé hacer banderas para destacar los títulos.	❏	❏	❏
He experimentado con los separadores y/o los contenedores.	❏	❏	❏
Las flechas ya no tienen secretos para mí.	❏	❏	❏
Las viñetas y los números me entusiasman.	❏	❏	❏
Me he hecho con un alfabeto visual.	❏	❏	❏
Sí, sé dibujar personas.	❏	❏	❏
Me flipan los pictogramas.	❏	❏	❏
Incluso he creado mi propia pictoteca.	❏	❏	❏
He escogido los dos (o más) colores que voy a utilizar.	❏	❏	❏
Sombreo a todo trapo.	❏	❏	❏
Soy un experto en el efecto ¡guau!	❏	❏	❏

⧉ KPI (KEY PERFORMANCE INDICATORS): INDICADORES CLAVE DE RENDIMIENTO PARA TUS SKETCHNOTES

Aunque no estamos abordando la práctica del sketchnoting con idea de juzgar nuestro trabajo, tampoco tiene nada de malo usar algunos indicadores de rendimiento que te guiarán en tu progreso:

- ☐ Mi sketchnote condensa los aspectos esenciales del tema y consigue crear una imagen global.

- ☐ Mi sketchnote es legible, el equilibrio entre texto e imágenes es bueno.

- ☐ Mi sketchnote simplifica lo complejo.

- ☐ La estructura de mi sketchnote consigue guiar la mirada para que la recorra mejor.

- ☐ La información está claramente jerarquizada.

- ☐ Mi sketchnote sorprende y emplea metáforas visuales.

- ☐ Tengo ganas de compartir mi sketchnote.

⧉ CONCLUSIÓN

Ahora ya sabes crear una sketchnote. Conoces los elementos, las técnica y los trucos.

Vamos a pasar a la aplicación práctica en tu día a día laboral, ya trabajes en una empresa pequeña o grande o por tu cuenta.

PARTE
2

Sketchnoting para pros: yo "sketchanoto" en el trabajo

☆★☆

Nosotros impartimos regularmente cursos de formación para empresas sobre pedagogía positiva y herramientas de pensamiento visual. Y siempre nos sorprende constatar que, en la gran mayoría de los casos, los hábitos de trabajo de las personas siguen siendo los mismos que tenían durante la época de aprendizaje escolar, es decir, están basados en un modo de pensamiento lineal, monocromo y sin imágenes.

Tomar notas de forma lineal en cuadernos cuadriculados, grandes o pequeños; intentar retener la totalidad de la información cuando se escucha; pasar horas redactando actas e informes como si se tratara de un castigo en el que nos hacen escribir 100 veces la misma cosa... resulta aburrido y desalentador. Son hábitos que se combinan además con creencias bien arraigadas del tipo: "no sé tomar apuntes" o "escribir no es lo mío, soy de ciencias".

De este modo, la relación con lo escrito se transforma en algo fastidioso y en fuente de tensiones. El empleo del ordenador, que transforma el boli en teclado, no cambia en nada la dificultad de organizar claramente las ideas. Y eso sin contar el tiempo, que parece cada vez más escaso entre reunión y reunión.

Los trabajadores autónomos, los asesores personales y los profesionales liberales no salen mucho mejor parados. Cada vez más a menudo van de un proyecto a otro casi sin resuello.

Ha llegado el momento de dejar de lado los condicionamientos que imponen los apuntes puramente textuales para entrar en la era gráfica y visual. Y el sketchnoting es una de las mejores vías de entrada.

Si nos detenemos más concretamente en el ámbito de la salud en el trabajo, vemos como la filosofía del *mindfulness*, o "atención plena", ha hecho también su entrada en la empresa. Los talleres de *mindfulness* se multiplican, algo que, desde nuestro punto de vista, es absolutamente formidable para mejorar la calidad de vida en el puesto de trabajo. Con todo, hay a quienes les resulta difícil tomarse el tiempo necesario para aplicarlo a su vida cotidiana. El sketchnoting constituye una bella alternativa profesional en cuanto principio y herramienta que invita a dejarse llevar, a relajarse y a abrirse tal y como preconiza el *mindfulness*.

El *mindfulnesss*

Es la capacidad de observar con atención aquello que
sucede dentro o fuera de mí, aceptando mi realidad tal
y como es, sin juzgarla de manera positiva o negativa.
Esta aptitud ha sido descrita científicamente. Los
estudios han demostrado que una persona *mindful* es
más resistente, más apta para vivir el presente y enfocar
su atención a la actividad que esté desarrollando, más apta para
la creatividad y más abierta a todos los comentarios que le llegan;
también gestiona mejor las situaciones de estrés, está más inclinada
al buen humor y posee un sentimiento de eficacia personal más
elevado.

En esta parte del libro compartiremos contigo los diferentes usos profesionales
que nosotros le damos al sketchnoting.

Tomar notas y sintetizar

⟫ LOS HECHOS

En el ámbito laboral, tomar notas suele traducirse muy a menudo en "garaba-tear" sobre el papel, bien con cuadernos o folios sueltos. En la era digital hemos visto aparecer la costumbre de tomar notas directamente en el ordenador o en la tableta. Ya sea en su versión tradicional o en la tecnológica, estos apuntes se toman siempre en modo receptor, como si uno fuera una grabadora que tuviera que registrar la mayor cantidad posible de la información comunicada. No estamos lejos, en ese sentido, de los apuntes de un estudiante que consigue anotar de forma automática todo lo que va diciendo el profesor, mientras al mismo tiempo está pensando en lo que va a hacer esa misma tarde. Cuando el cerebro se divide para captar información de esa manera, existe un gran riesgo de que se reduzcan el nivel de comprensión y la claridad.

Los apuntes tomados de ese modo tienen un escaso valor. Cuando hemos preguntado a los profesionales sobre la utilidad de estas notas tomadas de forma clásica, muchos admiten que no las usan después de las reuniones porque no tienen tiempo para releerlas, ni siquiera para hacer un resumen. El conjunto suele ser casi siempre indigesto y desalentador. Sucede lo mismo con las notas kilométricas que se toman con ordenador y cuyos archivos rara vez volvemos a abrir. La eficacia de esta práctica es muy cuestionable. Y, sin embargo, seguimos haciéndolo, a falta de otra cosa mejor.

⟫ ¿Y SI LO HACEMOS DE OTRA MANERA?

Algunos de nosotros hemos podido participar en actos, conferencias o debates en los que un facilitador gráfico iba traduciendo visualmente, sobre una gran superficie, las intervenciones de los participantes. Este método aporta una dimensión en tanto que espectáculo y una dimensión de puesta en valor de las ideas intercambiadas. Las empresas y las organizaciones lo aprecian cada vez más, sobre todo como herramienta para reflejar la inteligencia colectiva de los participantes.

Por supuesto, nosotros también nos hemos dicho en algún momento aquello de "Guau, yo no podría hacer jamás algo así, es impresionante". Pero no te engañes, lo que esos facilitadores gráficos hacen es emplear esencialmente, con entrenamiento y destreza, las técnicas de sketchnoting que hemos visto en la primera parte de este libro. Según los testimonios de los profesionales con los que hemos hablado, la principal competencia no reside en la soltura con el lápiz sino en la capacidad de escuchar de forma activa y de ordenar la información.

» VENTAJAS DE TOMAR NOTAS CON SKECTHNOTING

La técnica del sketchnoting es sinóptica, lo que significa que se inscribe dentro de una visión global. Comparte con los mapas mentales el uso de pictogramas, de dibujos, de palabras clave, así como la creación de un contexto visual en torno al tema tratado. Emplea también hojas no pautadas para que la creatividad pueda fluir libremente y use el espacio a su antojo.

Traducir visualmente nuestros apuntes nos ayuda a reformular, a simplificar y a clarificar la información, utilizando al mismo tiempo nuestra imaginación y nuestra capacidad de síntesis. Las notas resultantes son más agradables a la vista y más fáciles de leer, mucho más aprovechables que las notas tradicionales garabateadas, demasiado complejas e ilegibles. Hay estudios recientes que demuestran que tomar notas manualmente, de manera creativa y visual, mejora la comprensión, la concentración y la memorización.

Por otra parte, la necesidad de ralentizar para seleccionar la información más pertinente permite adoptar una actitud en la que nos dejamos llevar, nos distendemos y nos conectamos con el exterior. Esta técnica incita a tomar decisiones para coger apuntes de modo más activo, a reformular a la manera de uno mismo y, por lo tanto, a subjetivar la información, a apropiársela. Por todo ello, el skecthnoting procura un estado de *flow*.[7]

---

7 En psicología positiva, el *flow* es el estado mental que alcanza una persona cuando está completamente inmersa en una actividad con un estado de concentración máxima, de plena implicación y satisfacción con su desempeño.

Métodos ágiles

Desde hace más o menos 15 años, gran parte
del desarrollo de software se apoya en métodos
denominados "ágiles".

Consisten en lanzar primero una versión muy
básica y enriquecerla después según las
necesidades de los clientes y los resultados de los test de desarrollo.
Estos métodos permiten obtener un primer prototipo muy rápidamente.
Este se suele presentar al cliente para recibir sus observaciones
y mostrarle diferentes escenarios de evolución, etc.

Todo el trabajo se sintetiza en formatos visuales que lo hagan
accesible y comprensible para todo el mundo. Los métodos ágiles
promueven el uso de herramientas de pensamiento visual como el
Kanban, las notas adhesivas, el sketchnoting…

En la actualidad, los métodos ágiles se están extendiendo paulatinamente
a numerosos ámbitos: la industria, la enseñanza, la salud, etc.

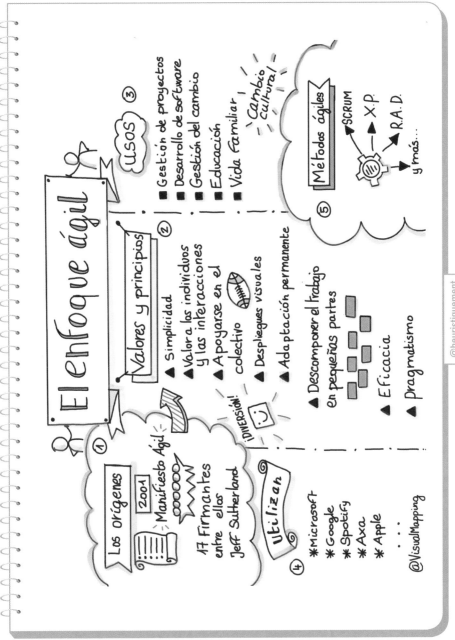

El enfoque ágil

② Valores y principios

- ▲ Simplicidad
- ▲ Valora a los individuos y las interacciones
- ▲ Apoyarse en el colectivo
- ▲ Despliegues visuales
- ▲ Adaptación permanente
- ▲ Descomponer el trabajo en pequeñas partes
- ▲ Eficacia
- ▲ Pragmatismo

③ USOS

- ■ Gestión de proyectos
- ■ Desarrollo de software
- ■ Gestión del cambio
- ■ Educación
- ■ Vida Familiar
- ~ Cambio cultural ~

① Los orígenes

2001

Manifiesto Ágil

17 Firmantes entre ellos Jeff Sutherland

¡DIVERSIÓN!

④ utilizan

- ✴ Microsoft
- ✴ Google
- ✴ Spotify
- ✴ Axa
- ✴ Apple
- ...

@VisualMapping

⑤ Métodos ágiles

- → SCRUM
- → X.P.
- → R.A.D.
- → y más...

@heuristiquement

EL TESTIMONIO DE ISABEL

Ayudé a Stéphanie, coach *y consultora, a repensar su oferta de servicios. Ella quería rehacer su sitio web pero no tenía claro si era mejor presentar sus herramientas (*coaching, inteligencia colectiva, hipnosis...*) o proponer una vía de entrada por tipo de cliente (individual o colectivo). A lo largo de nuestra conversación, después de haber desarrollado mediante sketchnoting todos los elementos que me parecían esenciales, llegamos a la conclusión de que la clave de bóveda de lo que hacía en la actualidad estaba en sus 18 años de experiencia en reclutamiento. La necesidad de configurar un relato (*storytelling*) también emergió como un punto vital y como la primera tarea que había que llevar a cabo. A partir de ahí ya fueron surgiendo las ofertas de talleres temáticos y de los cursillos individuales para particulares y empresas.*

El empleo del sketchnoting permitió que emergieran los puntos clave y las acciones que convenía emprender, aportando una salida a la confusa situación inicial. En efecto, la organización de los elementos a medida que se va desarrollando la conversación nos permite avanzar mejor apoyándonos sobre las ideas que van saliendo.

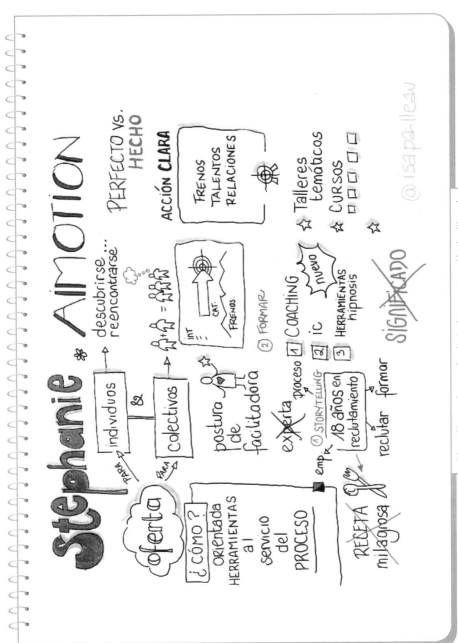

@isapailleau – Acompañamiento de una renovación de sitio web

EL TESTIMONIO DE PHILIPPE

Hace poco me invitaron a un evento profesional sobre la transformación digital, las personas y la innovación y en esta sketchnote capturé lo esencial de las propuestas que allí se hicieron. A la izquierda pueden verse las ideas formuladas en la primera conferencia. A la derecha se representan las aportaciones de la segunda charla.

Esta skectchnote me permite retener mejor los puntos clave, tales como el contexto VICA (Vulnerabilidad, Incertidumbre, Complejidad, Ambigüedad), la noción de empresa como un ecosistema favorable a la innovación e incluso la importancia de la diversidad para potenciar los resultados económicos de la empresa.

La función del sketchnoting va más allá de la restitución de los puntos clave, ya que sirve al mismo tiempo de mnemotécnica. Las metáforas operan como potentes anclajes mnémicos que ayudan a movilizar otras ideas escuchadas pero que no figuran explícitamente en la nota.

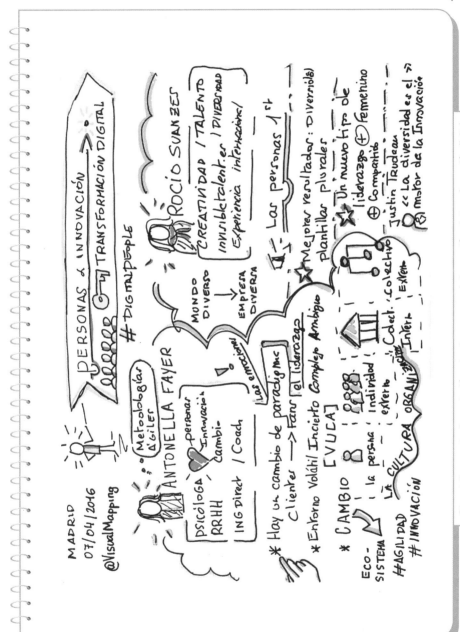

@heuristiquement — Presentación sobre las personas, la innovación y la transformación digital.

EL TESTIMONIO DE AUDREY

El año pasado asesoré a Catherine, recién diplomada en coaching. Mi labor como coach se desarrolló por Skype y consistió en ayudarla a definir a su cliente objetivo. A continuación pueden verse los apuntes visuales que tomé usando el sketchnoting en nuestra primera sesión, que duró una hora y media. El reto para mí consistía en cribar y organizar toda la información que Catherine me iba dando. Al cabo de un rato, decidí estructurar mi sktechnote en torno a cinco grandes temas:

- *Definir el objetivo.*
- *¿Quiénes son los contactos?*
- *¿Cuáles son sus problemas y sus necesidades?*
- *¿Cuál es su trabajo?*
- *¿Cómo lo desempeñan?*

Una vez definidos estos cinco espacios en mi cabeza, su materialización en la hoja se llevó a cabo sobre la marcha.

Tras concluir la sesión, me divertí coloreando la sketchnote. Se la envié inmediatamente a mi clienta, que se quedó impresionada al ver recogido todo lo que se había dicho durante nuestro encuentro, tan bien sintetizado y claro.

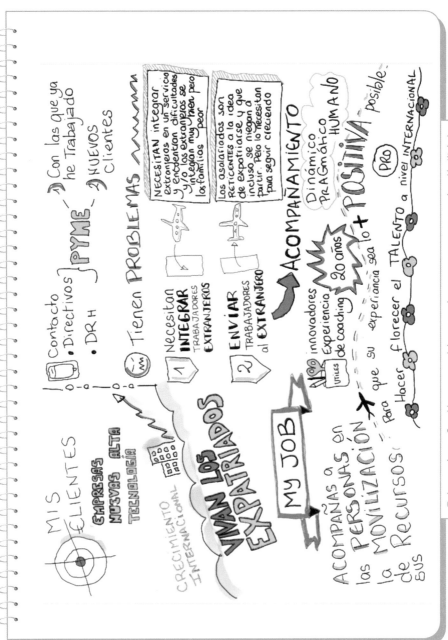

MIS CLIENTES

EMPRESAS NUEVAS ALTA TECNOLOGÍA

CRECIMIENTO INTERNACIONAL

VIVAN LOS EXPATRIADOS

Contacto
• Directivos
• DRH
} PYME
1) Con las que ya he Trabajado
2) NUEVOS Clientes

Tienen PROBLEMAS

NECESITAN integrar extranjeros en un servicio y encuentran dificultades y/o los extranjeros se integran muy bien pero los familias peor

1 Necesitan INTEGRAR TRABAJADORES EXTRANJEROS

Los asalariados son reticentes a la idea de expatriarse y que incluso se niegan a partir. Pero lo necesitan para seguir creciendo

2 ENVIAR TRABAJADORES al EXTRANJERO

ACOMPAÑAMIENTO

Dinámico PRAGMÁTICO HUMANO

+ POSITIVA posible

MY JOB

ACOMPAÑAS a las PERSONAS en la MOVILIZACIÓN de Recursos → Para que su experiencia sea lo
BUS

innovadores
únicos experiencia de coaching 20 años

PRO

Hacer florecer el TALENTO a nivel INTERNACIONAL

@akounaudrey — *Coaching* empresarial para ayudar a arrancar a una *coach* recién titulada

» LA ANOTACIÓN VISUAL, PRIMER PASO HACIA EL SKECTHNOTING

Para poder tomar apuntes en directo con la técnica del sketchnoting, resulta útil ejercitarse en la técnica de la anotación visual.

Esto te ayudará a ir desarrollando tu habilidad para crear sketchnotes a partir de un texto impreso. El truco consiste en introducir un paso intermedio entre la lectura y el sketchnoting: esta etapa se denomina "anotación visual".

En un primer momento, se trata de extraer los elementos visuales y las palabras clave. Después de haber leído el texto y de haber subrayado los puntos que más han merecido nuestra atención, podemos comenzar con la anotación visual. En el margen, a la misma altura del texto que hemos subrayado, añadimos imágenes simples, palabras clave, bocadillos tipo cómic y frases cortas.

En una segunda fase, podemos pasar al sketchnoting. En este paso, la idea es retomar nuestras anotaciones para crear una sketchnote final, a riesgo de reformular palabras clave, frases cortas e ilustraciones.

¡Hazlo Pop!

Wendi Pillars, autora del libro *Visual Note-Taking for Educators*, propone el acrónimo "Pop", *Process over Pretty* ('el proceso por encima de lo bonito'). Se trata de un método en el que prima el proceso sobre el aspecto estético del sketchnoting. Ya no hace falta, por tanto, concentrarse en el aspecto artístico, sino sobre todo lograr una síntesis clara, ilustrada y bien organizada de la información.

A continuación mostramos, a modo de ejemplo, un extracto de un artículo con anotaciones visuales, "Cómo comunicar eficazmente en redes sociales", publicado por Alban Jarry en el sitio web *Harvard Business Review France*.

Comment communiquer efficacement sur les réseaux sociaux

Par Alban Jarry le 25/02/2016   HARVARD BUSINESS REVIEW FRANCE

Communiquer sur internet et les réseaux sociaux, comme LinkedIn, Twitter ou Facebook, est devenu à la fois très simple et extrêmement complexe. Simple car les outils à disposition sont multiples, souvent gratuits et à portée de quelques clics de souris. Complexe car il ne suffit pas d'utiliser les réseaux sociaux pour qu'un message se diffuse de façon exponentielle. Pour communiquer efficacement, il faut se servir des bons réseaux et surtout, au préalable, avoir tissé une vaste toile pour qu'un signal s'éloigne le plus possible de son point d'origine.

Comme pour bâtir une maison, la communication sur le web repose avant tout sur des fondations. Plus elles seront solides, et le nombre de nœuds sera important, plus l'amplitude du signal pourra être grande et le champ des possibles sera vaste. L'aléa reste néanmoins toujours présent et il n'existe pas de recette miracle permettant d'anticiper la diffusion d'un message. Pour que le sujet touche une communauté importante, il faut qu'il corresponde à une thématique à la mode à un instant « t ». La vague initiale peut alors se transformer en une déferlante et se propager très vite dans cet océan qu'est la Toile. Ainsi, c'est en utilisant les réseaux sociaux que Michel et Augustin a pu mettre en place un partenariat historique avec Starbucks. Imaginer traverser l'Atlantique de Brest à New York en quelques centièmes de secondes, voici le défi qui attend les navigateurs modernes qui rêvent de conquête de l'Amérique.

Entendre ce qui n'est pas dit

Peter Drucker, professeur et consultant américain en management d'entreprise, disait : « La chose la plus importante en communication, c'est d'entendre ce qui n'est pas dit ». Observer la communication des marques de luxe

Y vemos el resultado final en la página siguiente

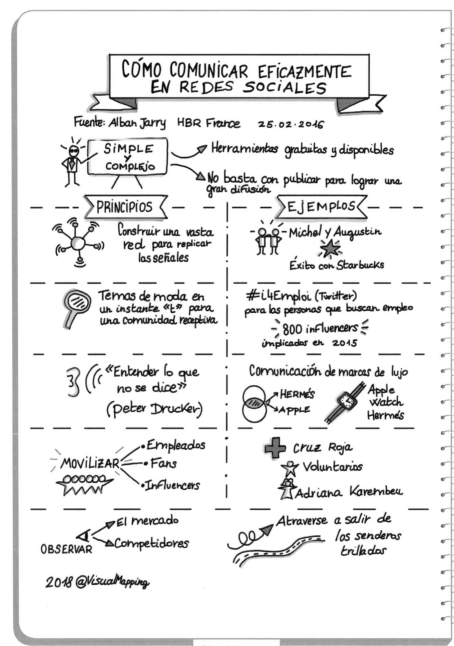

CÓMO COMUNICAR EFICAZMENTE EN REDES SOCIALES

Fuente: Alban Jarry   HBR France   25.02.2016

SIMPLE y COMPLEJO

→ Herramientas gratuitas y disponibles

△ No basta con publicar para lograr una gran difusión

PRINCIPIOS

Construir una vasta red para replicar las señales

Temas de moda en un instante «t» para una comunidad receptiva

3 ((«Entender lo que no se dice» (Peter Drucker)

MOVILIZAR
- Empleados
- Fans
- Influencers

OBSERVAR → El mercado △ Competidores

EJEMPLOS

Michel y Augustin

Éxito con Starbucks

#i4Emploi (Twitter) para las personas que buscan empleo

800 influencers implicados en 2015

Comunicación de marcas de lujo

↗ HERMÈS ↘ APPLE

Apple Watch Hermès

Cruz Roja

Voluntarios

Adriana Karembeu

Atraverse a salir de los senderos trillados

2018 @VisualMapping

@heuristiquement

¡Hora de jugar!

Ahora te toca a ti. Elige un texto, fotocópialo y comienza a hacerle anotaciones gráficas como en el ejemplo anterior.

A continuación, retoma esos elementos gráficos y palabras clave. Sigue los principios que vimos en la primera parte del libro y haz tu sketchnote.

También resulta muy útil ejercitarse haciendo sketchnotes de vídeos cortos, como los que se pueden encontrar en YouTube o Ted.com.

Si quieres ir aún más lejos, lánzate a hacerlo en una reunión o en una entrevista. ¡Ojo!: para empezar, elige una reunión o una entrevista en la que no haya mucho en juego.

» EL PROFESIONAL DEL SKETCHNOTING EN ACCIÓN: CINCO PREGUNTAS A MARC BOURGUIGNON

Marc Bourguignon es coordinador de sistemas informáticos en un grupo industrial. Su trabajo consiste en ayudar a los operarios y usuarios en las fases de implementación de nuevas aplicaciones y en su desarrollo. Sus funciones son múltiples. Según el proyecto, es a un tiempo coordinador, facilitador, director de obra o cliente. Su objetivo es definir las necesidades de los usuarios para traducirlas a los diferentes equipos informáticos y proveedores.

1 ¿Desde cuándo utilizas los apuntes visuales o sketchnoting?

Empecé con el sketchnoting en 2014 de manera personal, pero llevo usando la técnica en el trabajo desde hace un año, de forma gradual. Comencé por los mapas mentales y después fui añadiendo imágenes, iconos, flechas de causalidad y todos los componentes del skecthnoting para poner de relieve ideas y conceptos.

2 ¿Cómo descubriste esta técnica?

La descubrí un poco por azar. Estaba buscando información sobre facilitación visual y encontré el libro de Mike Rohde en internet (¡viva Amazon!). El libro parecía tener mucho que ver con lo que estaba buscando. Me picó la curiosidad sobre esta nueva técnica que es, cuanto menos, original. Cuando acabé de leer *Sketchnote Handbook* me entraron ganas de practicar y enseguida me apasionó el skecthnoting.

❸ ¿Cuáles son, para ti, las ventajas del skecthnoting?

Las ventajas de emplear el skecthnoting en el trabajo son las mismas que las del sketchnoting en general. Ayuda a la memorización, a la visualización de ideas y de conceptos y a la comunicación. El sketchnoting permite además aportar una nota de creatividad, de diversión y de humor a ciertos ámbitos en los que uno no espera encontrarlos. Por ejemplo, funciona muy bien en los ámbitos de las finanzas, la contabilidad, la industria o los sistemas informáticos.

❹ ¿Cuáles son los principales usos que le das a esta técnica?

En el trabajo, puedo dar al sketchnoting diferentes aplicaciones. Desde luego, lo uso, las actas e informes de las reuniones. Es útil además para mantenerse despierto y atento hasta el final. Pero también utilizo la técnica para otras tareas, como presentaciones de todo tipo, exposiciones de necesidades, pliegos de condiciones, para comunicarme con mis colegas, para procedimientos y *modus operandi*, gestión de proyectos, visualización y resolución de problemas... Todos los días intento encontrar nuevos dominios en los que pueda usar el skecthnoting.

❺ ¿Cómo suele reaccionar tu entorno al ver tus sketchnotes?

En general, a las personas que me ven tomar apuntes así por primera vez les divierte y les genera curiosidad. No se atreven a interrumpirme y me dejan acabar antes de preguntarme qué estoy haciendo. Esta técnica, que les es completamente desconocida, les parece atípica, incluso un poco exótica. Yo cojo mi folio A4 y lo coloco en horizontal (en formato apaisado) y empiezo a dibujar monigotes e iconos, añado color, no sigo una estructura lineal y, en la mayoría de los casos, ¡todas las ideas y conceptos caben en una sola página! El retorno que obtengo es enormemente positivo y me anima a continuar y a seguir progresando.

A título personal, he de decir que mi mujer siempre me ha animado, pues ha constatado que practicar el sketchnoting me sienta muy bien. Mis hijos creen que yo "dibujo" en el trabajo. Y sí, en realidad es un poco así.

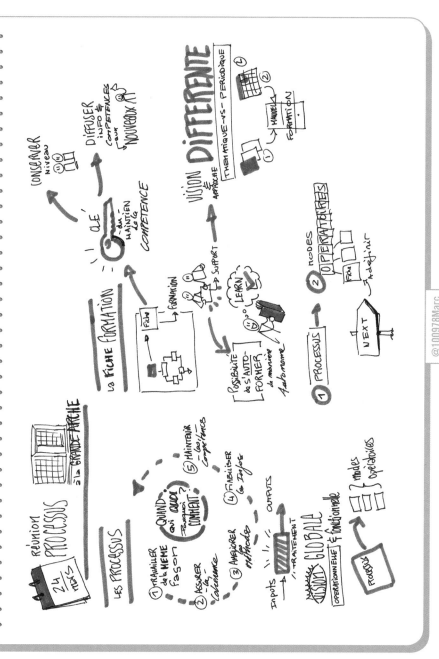

@10097BMarc

Esta es una sketchnote que usó Philippe para preparar una reunión de trabajo en la que se trataba de buscar inspiración para la serie 24, con el objetivo de enriquecer la estrategia de comunicación. Este mapa permitió sintetizar rápidamente los puntos esenciales de la serie para después poder debatirlos mejor.

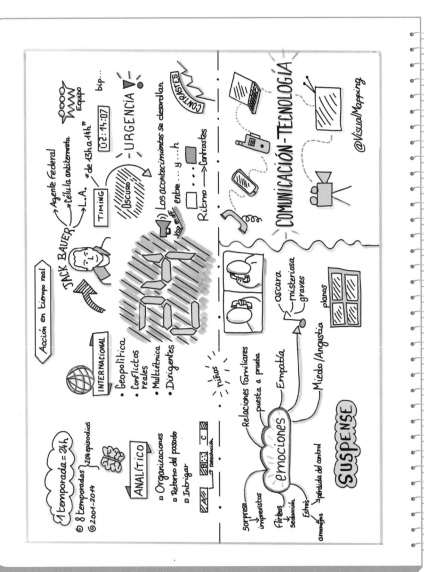

7 Bajar el ritmo para reflexionar y organizarse mejor

» LOS HECHOS

A lo largo de la última década nos hemos encontrado con un número creciente de personas que tienen la sensación de que cada vez están menos implicadas en su propia actividad laboral. Observamos, tanto en el mundo de la empresa como en el caso de los autónomos, que muchos profesionales tienen la sensación de que han dejado de pensar y de que están funcionando en piloto automático. Es así como terminan por cundir la fatiga y el tedio.

Por otra parte, en una sociedad donde priman sobre todo el rendimiento, la productividad y el retorno de inversión, nos encontramos también con muchas personas que están saturadas de trabajo, sometidas a un flujo continuo de información y de demandas, bajo el estrés, además, de la falta de tiempo, hasta el punto de que una jornada de 24 horas parece no ser suficiente.

Son muchos también los que experimentan la sensación de saber un poco de todo y mucho de nada. La información suele ser poco clara y se queda en lo superficial, generando un sentimiento de insatisfacción recurrente. El consumo de información se lleva a cabo sobre todo en las pequeñas pantallas y ya no dedicamos atención más que a los grandes titulares.

Por otro lado, estamos permanentemente en modo de "recepción de información", lo que no deja a nuestro cerebro el tiempo suficiente para reposarla. El placer de pensar desaparece porque la actividad mental está muy contaminada. La creatividad se ve paralizada por ese sistema que cada vez va más deprisa. Los estudios, sin embargo, demuestran que la creatividad requiere tiempo.

En relación con todo ello, queremos compartir un pequeño experimento organizado por Cafe Creative, una agencia creativa húngara.

Con el objetivo de explicar a sus clientes que hace falta tiempo para ser creativo, esta agencia tuvo la idea de hacer un pequeño experimento con niños. En un primer paso, los niños disponían de 10 segundos para dibujar alguna cosa a partir de un dibujo de partida.

Al cabo de 10 segundos, la mayor parte de los dibujos eran muy similares y representaban casi todos un reloj, ya fuera de pulsera o de pared.

Dibujo de partida   Al cabo de 10 segundos

En el siguiente paso, se dio a los participantes 10 minutos. La segunda tanda de dibujos resultó ser mucho más original que la primera: en este caso, los niños se sirvieron de la imagen inicial para hacer cosas muy distintas a un reloj, transformándola en un animal, una flor o un ciervo volador.[8]

Al cabo de 10 minutos

8 El pequeño vídeo realizado con ocasión del experimento puede verse en el siguiente enlace: https://www.youtube.com/watch?v=jqvx9OfZKJw&feature=youtu.be

⟫ ¿Y SI LO HACEMOS DE OTRA MANERA?

En un contexto en el que la salud en el puesto de trabajo se ve cada vez más deteriorada, se hace urgente ralentizar el ritmo para poder pensar mejor.

Bajar el ritmo... eso es precisamente lo que ofrece la práctica cotidiana del sketchnoting.

Las ventajas de organizar las ideas mediante el sketchnoting

Organizar las ideas de manera visual, utilizando la mano, ya sea dibujando y escribiendo en un cuaderno o en una hoja suelta, obliga a tomarse un cierto tiempo y es ese margen más prolongado el que hace que las ideas acudan más fácilmente y con mayor claridad. Esto implica "perder el tiempo" para poder ganarlo.

El movimiento y la disposición de la información en el espacio de la hoja permiten materializar el curso del pensamiento, estructurándolo y dotándolo de fluidez.

Otras ventajas del sketchnoting

- Aligerar la cabeza depositando las ideas en un cuaderno.
- Visualizar las etapas de un proyecto.
- Crear nuevos procesos de reflexión.
- Preparar una entrevista y llegar con las ideas claras.
- Preparar una intervención en público.
- Organizar tu tiempo y orientarte.
- Disponer de una visión global.
- Lograr una reflexión más creativa.
- Ganar en concentración.
- Tomar perspectiva sobre un tema.

EL TESTIMONIO DE ISABEL

En noviembre de 2015, varias cadenas de radio nos pidieron intervenir en directo para tratar la cuestión de "¿Cómo hablar de los atentados a los niños?". Antes de acudir, me tomé mi tiempo para recopilar los elementos clave de los que quería hablar en antena. Para ello creé esta sketchnote, partiendo de la izquierda de la página y usando tres contenedores principales.

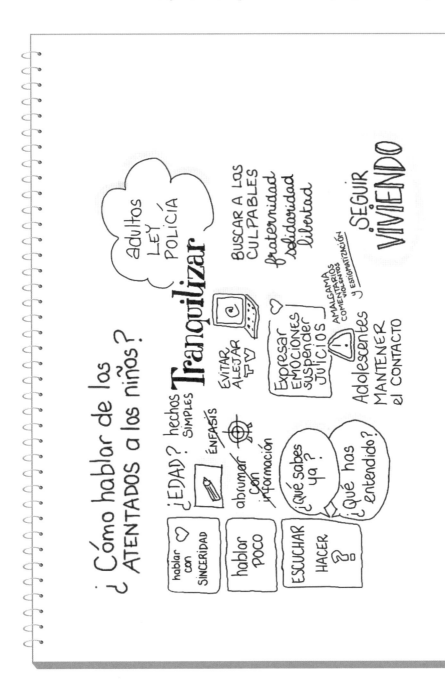

@isapailleau – Preparación de una entrevista en radio sobre el tema "¿Cómo hablar de los atentados a nuestros hijos?".

EL TESTIMONIO DE PHILIPPE

Me pidieron que hiciera una propuesta para una intervención en una conferencia sobre las aportaciones del pensamiento visual en el ámbito educativo. Para pensar mejor sobre ello y no perder todas las ideas que se me venían a la cabeza, decidí materializarlas en una sketchnote, que fui elaborando a medida que reflexionaba. Utilicé dicha sketchnote para construir mi propuesta al cliente (que fue aceptada). Gracias a los apuntes visuales, sinteticé los elementos clave y llevé a cabo una primera articulación de las ideas.

El proceso de elaboración de una sketchnote influye muy positivamente en la reflexión, porque los conceptos son visibles y nuestro cerebro busca instintivamente cómo leerlos y dotarlos de sentido.

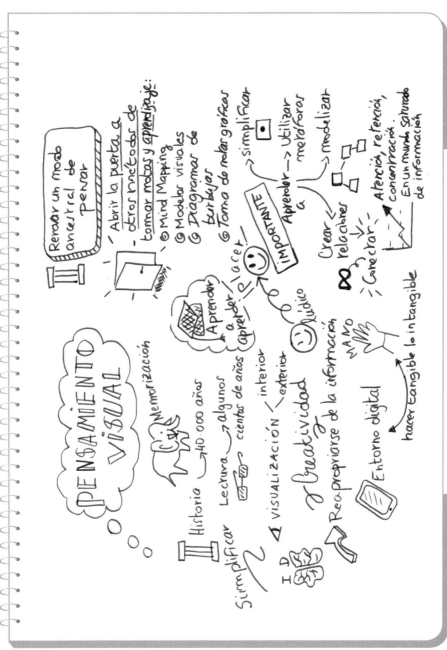

@heuristiquement – Preparación de una conferencia sobre pensamiento visual

EL TESTIMONIO DE AUDREY

El año pasado, tuve que animar una formación sobre riesgos psicosociales en una PYME de San Juan de Luz. Aquí puede verse cómo construí mi reflexión: utilicé el sketchnoting para reunir toda la información en una sola página y así pensar en el programa de la jornada de formación con vistas al intercambio que iba a sostener con la responsable de recursos humanos.

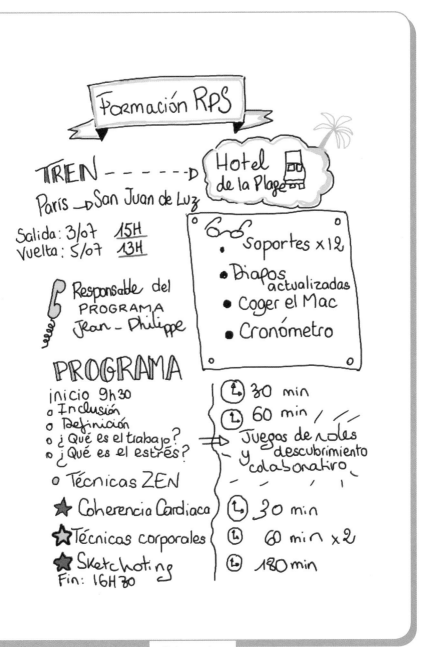

Formación RPS

TREN - - - - - - ▷ Hotel de la Plage

París ▷ San Juan de Luz

Salida: 3/07 **15H**
Vuelta: 5/07 **13H**

Responsable del PROGRAMA
Jean - Philippe

Soportes x12
• Diapos actualizadas
• Coger el Mac
• Cronómetro

PROGRAMA
inicio 9h30
○ Inclusión
○ Definición
○ ¿Qué es el trabajo?
○ ¿Qué es el estrés?

○ Técnicas ZEN

★ Coherencia Cardiaca
☆ Técnicas corporales
★ Sketchoting
Fin: 16H30

🕐 30 min
🕐 60 min
⇨ Juegos de roles y descubrimiento colaborativo

🕐 30 min
🕐 60 min x2
🕐 180 min

@akounaudrey

TESTIMONIOS DE ISABELLE Y DE AUDREY

Junto con nuestra cómplice Florence Servan-Schreiber, preparamos una masterclass sobre la felicidad titulada "La fábrica de éxtasis", que hemos impartido muchas veces desde entonces. Se trata de un espectáculo interactivo, a medio camino entre una pieza teatral y una conferencia. Lo solemos ensayar con regularidad haciendo una "italiana". Hacer una italiana es ensayar una representación sin fijarse en el tono, con una voz neutra, de modo que cada cual pueda memorizar su papel sin fatigarse.

Isabelle: durante un ensayo reciente, hice una sketchnote de las fases del espectáculo. Ese tiempo de reflexión me permitía centrarme en la escucha activa de mis compañeros al tiempo que memorizaba las partes.

@isapailleau – Sketchnote de las ideas clave de una obra de teatro

⨠ PLANIFICACIÓN DEL TIEMPO Y/O DE LAS ACTIVIDADES

Ralentizar el ritmo y reflexionar implica también ser capaz de tomar perspectiva y aplacar la presión. Un elemento importante de esta ralentización, y que participa del movimiento *slow* en general, es la necesidad de prepararse.

Hemos optado por mostrarte aquí cómo nos organizamos las semanas para tener una visión de conjunto y no sentirnos desbordados.

EL TESTIMONIO DE AUDREY

Dos cosas que hay que saber sobe mí: en primer lugar, me deprimo los domingos por la noche. En segundo lugar, no me gusta mucho planificar. Tengo una agenda electrónica que consulto cada dos por tres. He intentado anotar escrupulosamente todas mis reuniones en una bonita agenda de papel. Eso me funcionó durante unas dos semanas, pero... una triste tarde-noche de domingo, mientras los niños veían Bienvenidos al Norte *por 272ª vez, cogí un cuaderno y empecé a dibujar mi agenda de la semana que entraba. Una caja por día, cuyas dimensiones varían en función de las tareas, luego añadí pequeños pictogramas y resalté las cosas más importantes. ¡Y me encantó el resultado! No sé cuánto tiempo pasé haciéndolo, pero de lo que no hay duda es de que acabé el domingo con la sensación de haberme relajado y de tener una visión hiperclara de la semana que me esperaba.*

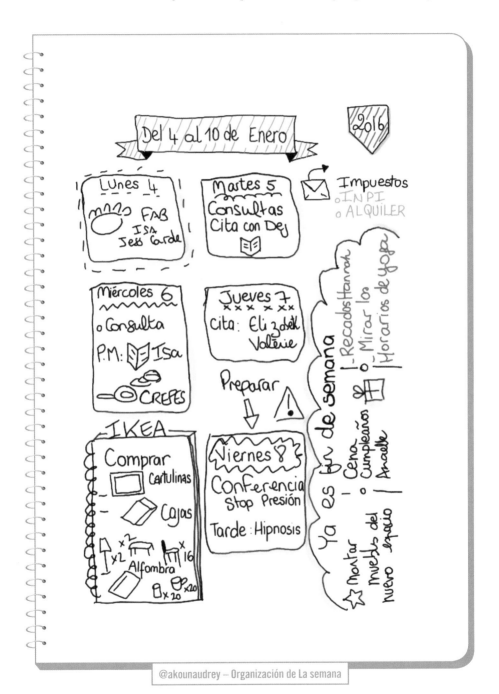

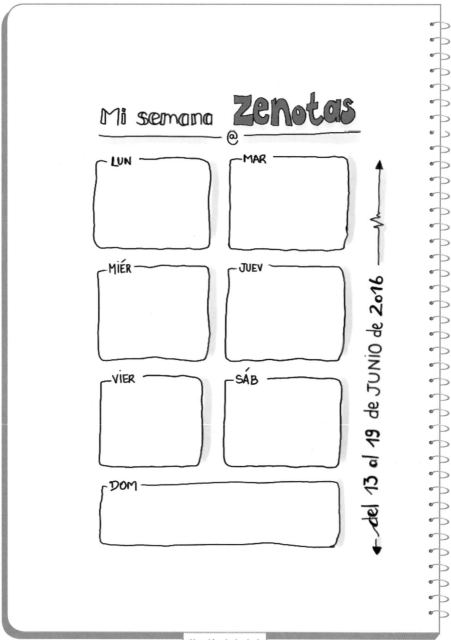

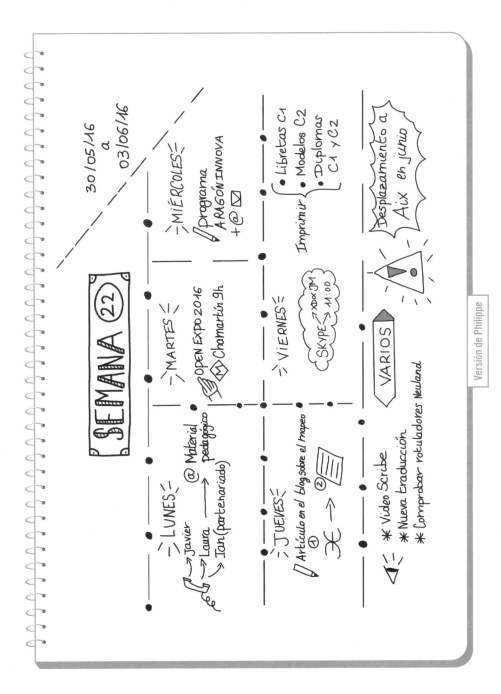

Versión de Philippe

¡Hora de jugar!

Basándote en los ejemplos que te acabamos de dar, te proponemos que dediques un rato a elaborar una sketchnote de tu próxima semana, poniendo toda tu creatividad a funcionar.

Cuando termines de planificar tu semana, haz una sketchnote reflexionando sobre un proyecto o alguna actividad que tengas que realizar. Si quieres, hasta puedes planear las tareas pendientes para tus próximas vacaciones.

» EL PROFESIONAL DEL SKETCHNOTING EN ACCIÓN: CINCO PREGUNTAS A RAYNALD LE NECHET

Raynald Le Nechet es jefe de proyecto en una estructura asociativa paraestatal. Su trabajo le brinda la oportunidad de tratar temas diversos como el empleo, la inserción, la formación y el desarrollo de competencias.

Pilota los proyectos, acompaña a las empresas del sector digital en el ámbito de los recursos humanos y asiste a asociaciones de economía social y solidaria.

❶ ¿Desde cuándo utilizas los apuntes visuales o el sketchnoting?

Desde 2003 utilizo herramientas como los mapas mentales y conceptuales y el sketchnoting para gestionar la gran cantidad de información, la diversidad y la complejidad de algunos proyectos, sobre todo en lo referente:
• estructurar mi reflexión;
• gestionar proyectos que implican una multiplicidad de actores del empleo y de la formación;
• gestionar mi tiempo o tomar apuntes.

❷ ¿Cómo descubriste esta técnica?

Comencé utilizando los mapas mentales y luego, después de leer el libro *Tu mundo en una servilleta*[9] de Dan Roam, me fui orientando cada vez más hacia tomar apuntes visuales con dibujos sencillos, porque siempre me ha gustado

9 *Op. cit.*

representar mis ideas y los conceptos mediante esquemas e ilustraciones, sin saber por aquel entonces que aquello era sketchnoting.

Pero empecé a ponerlo en práctica realmente al leer el blog Heuristiquement[10] ('heurísticamente'), animado por Philippe Boukobza, y tras descubrir el libro de Mike Rohde *The Sketchnote Handbook*.[11]

❸ ¿Cuáles son, para ti, las ventajas del skecthnoting?

Son muchas:
- el placer de elaborar unas notas muy personalizadas apela a la creatividad a la hora de resumir ideas;
- lo potente que es una síntesis visual de una conferencia, de un libro... condensada en una o dos hojas, con un formato "estético";
- el impacto de los dibujos, de los rótulos con los sombreados, las cápsulas... que permiten comprender mejor las relaciones y fijarlas mejor en la memoria;
- una mejor concentración y una escucha más activa para seleccionar la información más útil;
- la relajación que puede procurar.

❹ ¿Cuáles son los principales usos que le das a esta técnica?

El sketchnoting me ayuda a estructurar y a resumir mis proyectos y a preparar mis reuniones. Por ejemplo, para resumir y presentar el dispositivo Senior'Innov© (que tenía como objetivo facilitar el retorno al trabajo a desempleados de más de 45 años), hice una síntesis en forma de sketchnote. Utilizo la herramienta también para tomar notas en las reuniones y para planificarme.

❺ ¿Cómo suele reaccionar tu entorno al ver tus sketchnotes?

Mi entorno reacciona positivamente porque está acostumbrado a mi forma de tomar notas. Pero al principio, podía percibir las miradas curiosas de aquellas personas que toman sus notas de manera más "clásica".

10 http://www.heuristiquement.com/
11 *Op. cit.*

8 Presentar, animar y dirigir con sketchnoting

» LOS HECHOS

El blog Parlons RH ("Hablemos de Recursos Humanos") citaba en mayo de 2016 los resultados del barómetro Ifop/Wisembly de ese año. Este estudio muestra que los cuadros franceses pasan de media unas dos semanas al año en reuniones ineficaces. Aunque las reuniones sigan siendo necesarias, su eficacia a menudo queda en entredicho por una productividad débil a escala global. La capitalización de dichas reuniones también puede ponerse en tela de juicio cuando se constata que en ellas se tratan una y otra vez las mismas problemáticas sin que se hallen ideas o soluciones innovadoras.

Todos hemos estado en reuniones tediosas en las que parece que el tiempo se ha detenido. Esas en las que miras el reloj y descubres que no han pasado más de dos minutos desde la última vez que lo miraste, aunque tu cuerpo y tu espíritu tienen la sensación de que ha pasado al menos un buen cuarto de hora.

No basta con tener una información esencial que compartir, hace falta también saber cómo presentarla. Dejemos ya de creer cosas como "esto es tan interesante que van a alucinar cuando lo escuchen", pues lo cierto es que las presentaciones suelen ser ilegibles y el hecho de incluir una cantidad considerable de información en cada diapositiva no aporta ningún valor a aquello que queremos mostrar. Por otra parte, estas presentaciones son a menudo muy banales, suelen estar muy vistas por el uso abusivo de modelos "llave en mano", o bien están lastradas por la aplicación de un manual de identidad gráfica corporativa que cualquier *fashion police* tiraría a la basura. La falta de atención es un problema cada vez mayor y todo el mundo termina por desconectar para ponerse a mirar el móvil, navegar por internet o comprobar el correo durante la reunión.

Si a eso le añadimos que, cuando se les pregunta, los participantes nunca han leído de antemano los informes requeridos, resulta aún más importante saber cómo enfocar las presentaciones y cómo animarlas para aumentar su impacto. De la misma manera, las tareas de dirección pueden apoyarse en las técnicas del sketchnoting y del *storytelling* para estimular la implicación de los colaboradores. Un sketchnoter piensa sobre todo en metáforas visuales y en ser breve, en no retener más que la información esencial para ser capaz de recuperarla de manera fluida, no lineal, valiéndose de un itinerario visual que produce una historia.

Si tenemos en cuenta la enorme cantidad de reuniones y presentaciones a las que tienen que asistir los directivos, no es raro que muchos profesionales tengan la sensación de estar prisioneros durante esos tiempos y situaciones en que tienen que adoptar una posición pasiva y, en último término, desalentadora.

Tomar apuntes visuales durante una reunión nos permite estar atentos y activos al mismo tiempo, no abandonar el momento presente y liberar energía al construir nuestras sketchnotes. Es eso a lo que denominamos "efecto *focus*". Nos convertimos en actores de ese momento (obligatorio), aumentando nuestro nivel de atención gracias a la toma de apuntes visuales. Obtenemos mucha más satisfacción al repasar nuestras notas, mucho menos monótonas y aburridas que las tradicionales.

Desde hace algún tiempo, estamos asistiendo con gran satisfacción a la proliferación de nuevos tipos de actas e informes elaborados mediante el sketchnoting. Los diseñadores de interfaces y los adeptos a la agilidad empiezan a usar sketchnotes para sintetizar los contenidos tratados en reuniones de trabajo y en otros eventos profesionales. Creemos que esta práctica está llamada a rebasar el límite estricto de estas comunidades profesionales, sobre todo por el poder de evocación que una buena sketchnote posee y por su capacidad para retener los puntos esenciales que se quieren comunicar.

Esta nueva forma de trabajar se enmarca dentro de un profundo cambio cultural que afecta igualmente al entorno de trabajo y/o a la gestión de los espacios. Podemos constatarlo en la manera en la que las oficinas de las empresas y los centros de formación se están reorganizando, siguiendo el modelo de las *start-up*s, sobre todo en organizaciones punteras como Microsoft, Google o, incluso, la Universidad de Stanford...

» ¿Y SI LO HACEMOS DE OTRA MANERA?

¿Por qué es necesario introducir concisión, creatividad y una dimensión lúdica en nuestras presentaciones? Porque no se trata solamente de pasar un buen momento juntos, sino de lograr que el tiempo que se invierte en las reuniones sea más productivo de lo que lo es ahora.

Una buena presentación empieza con una buena preparación previa. Recuerda lo que hemos tratado en el capítulo anterior sobre el tiempo de reflexión necesario para preparar tu presentación. Una vez que la tengas preparada, haz una sketchnote respondiendo a las siguientes cuestiones:

- ¿Qué objetivo debo alcanzar al final de la presentación? Ten en la cabeza este objetivo en todo momento y comienza por él.
- ¿Cuáles son las ideas y datos más importantes? Adelántalos y ponlos en primer lugar. No esperes al final de tu presentación para mostrar los elementos más relevantes, la sala puede haberse quedado vacía para entonces.
- "Lo que está bien concebido se enuncia con claridad..." No olvides esta máxima. ¿Comprendes bien aquello que debes explicar? ¿Sí? ¡Mejor así! Ahora puedes contar con ser comprendido tú también.

Imágenes fluidas frente a imágenes fijas

Los investigadores suizos Alice Comi y Martin Eppler han descubierto que, en una presentación, hay diferencia entre mostrar imágenes fijas (por ejemplo, fotos, esquemas y dibujos) e imágenes fluidas, aquellas que se están creando en tiempo real durante una reunión o una presentación.[12]

Sus estudios demuestran que dibujar ideas y conceptos durante una reunión de trabajo o un debate estimula los intercambios, incrementa la capacidad de atribuir sentido y contribuye a construir una representación compartida de la información.

En la misma línea de esta idea, cuando, en una reunión, un directivo va dibujando las interacciones que se producen y las muestra (ya sea en una pizarra o en su

---

10 Fuente: Alice Comi, Martin Eppler, "Visual representations as carriers and symbols of organizational knowledge", *Proceedings of the 11th International Conference on Knowledge Management and Knowledge Technologies*, septiembre de 2011.

tableta, proyectando la pantalla en tiempo real), el nivel de atención de todos los participantes aumenta, así como su participación. Bastan unos dibujos sencillos, realizados en tiempo real, para mejorar la dinámica de la reunión y la memorización de la información gracias a la asociación entre movimiento e imágenes.

Integra diagramas sencillos y otros esquemas

Según Wikipedia, un diagrama es "una representación visual simplificada y estructurada de conceptos, ideas, construcciones, relaciones, datos estadísticos, de anatomía, etc., empleados en todos los aspectos de las actividades humanas para visualizar y esclarecer la materia en cuestión".

Existen numerosos tipos de diagrama. Aquí hemos seleccionado algunos que pueden dibujarse rápidamente e integrarse en nuestras sketchnotes para enriquecerlas.

- El diagrama de tarta: para representar rápidamente y con sencillez una proporción o un porcentaje, sin pretensión de precisión. Uno de los diagramas más usados en el ámbito empresarial.

- El diagrama de barras: bastan unas pocas barras para mostrar de un vistazo una evolución en cifras.

2013   2014   2015   2016

- La curva: para representar rápidamente una tendencia.

- La línea de tiempo simple: muy fácil y rápida de hacer, es importante que no comporte demasiados elementos para que pueda integrarse en una sketchnote.

En cuanto a los tipos de esquema, destacaremos los siguientes:

- El *webbing*: es un método para representar rápidamente los aspectos ligados a un tema central.

- Los minimapas mentales: comportan más elementos que un *webbing* y tienen ramas flexibles que generan un efecto visual más sofisticado. Los fans de los mapas mentales estarán encantados de incluir esta versión mini en sus notas visuales.

El sketchnoting no es solo una técnica de toma de apuntes, es también un método que permite comunicar la síntesis visual de un tema.

Piensa en tu presentación como en un recorrido visual

Cuando creamos una sketchnote que vamos a mostrar a alguien de manera más o menos pública, es importante que anticipemos el recorrido visual que harán quienes vayan a verla. Esa elección ha de verse reflejada en la organización de nuestra presentación: debemos guiar a los lectores creando vistas sucesivas de los puntos clave de nuestra sketchnote. Ese recorrido constituye el hilo conductor de nuestra presentación.

Mostradas mediante tres presentaciones diferentes (lista con viñetas, sketchnote lineal, sketchnote de la montaña), estas son las etapas que recomendamos que, de manera global, se sigan para crear una presentación a partir de una sketchnote:

* fotografiar o escanear la sketchnote;
* aislar los puntos importantes en imágenes nítidas;
* organizar las imágenes por orden e insertarlas en las diapositivas (una imagen por diapositiva);
* insertar la imagen global de la sketchnote al principio y al final de la presentación.

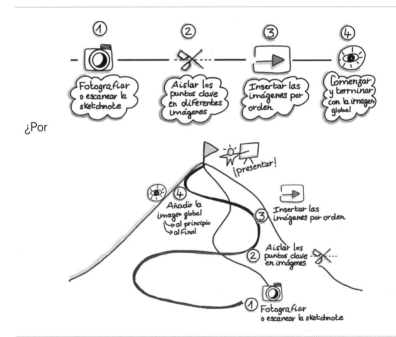

¿Por

qué comenzar y acabar con la imagen global de tu sketchnote?

Cuando se nos presenta por vez primera una información, tenemos tendencia a recordar mejor la primera y la última parte de ella. Es lo que los neurocientíficos llaman "efectos de primacía y recencia".

Empezando y acabando con la imagen global, incrementamos las posibilidades de hacer llegar nuestro mensaje y de que nuestro público lo recuerde mejor.

Presentación: una puntuación sobre el PowerPoint

En los últimos años, el PowerPoint se ha visto muy desprestigiado. La mayoría de los usuarios parecen olvidar que no se trata de un programa de tratamiento de texto sino más bien de un programa para presentaciones. Si aprendemos a usarlo correctamente, sigue siendo una herramienta de comunicación visual muy potente. Es su uso correcto lo que determina la diferencia entre una buena y una mala presentación.

A continuación mostramos un ejemplo de cómo dividir una sketchnote para que nos sirva como apoyo en una presentación para la que usemos PowerPoint u otro programa para presentaciones. Hemos numerado las diapositivas para que puedas imaginarte la presentación en movimiento.

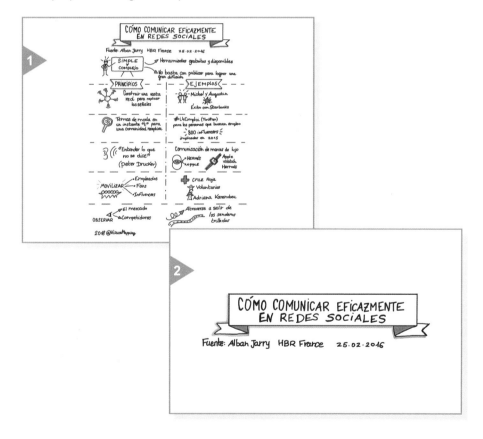

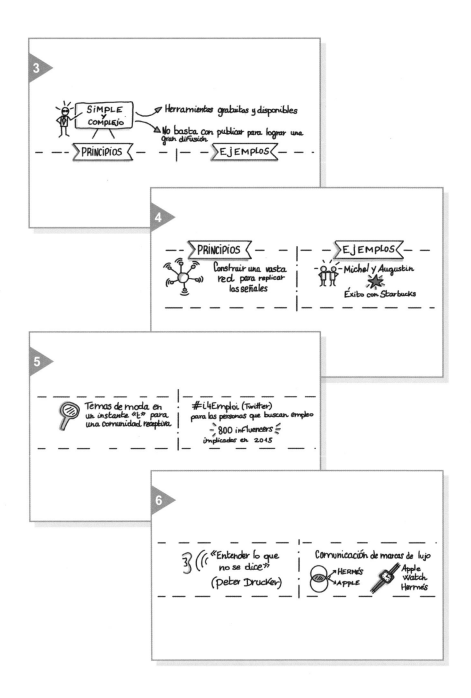

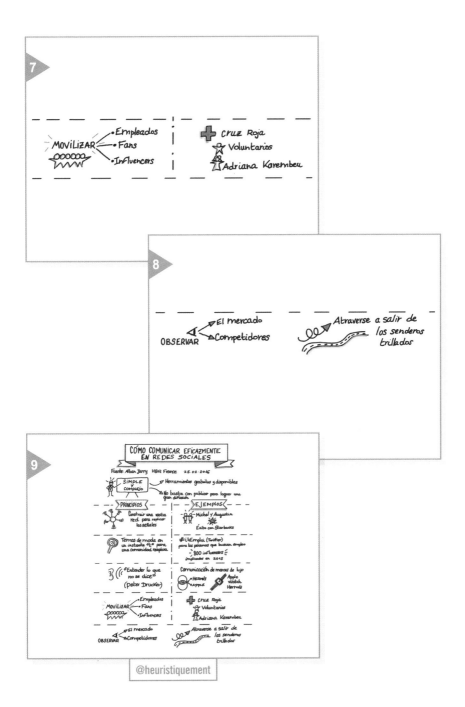

@heuristiquement

¿Existen otras herramientas para transformar tu sketchnote en una presentación?

¡Sí! En la actualidad existen numerosas herramientas que nos permiten hacer una foto a nuestra sketchnote y crear un itinerario a través de ella haciendo zooms y presentarla por secciones en una pantalla grande. Entre ellas, la aplicación Tawe o la aplicación francesa de software libre Sozi.

Adopta un enfoque de *storytelling* visual para las reuniones

Hoy en día asistimos a la emergencia de un interés creciente por lo que ha dado en llamarse "*storytelling* visual". El término designa la utilización de imágenes, fotografías, infografías, ilustraciones, notas gráficas y presentaciones dentro de una lógica propia del relato (*storytelling*). Estos elementos visuales deben poder integrarse como si fueran una historia; es decir, que deben componer una sucesión lógica de hechos, datos y acontecimientos. El contenido, predominantemente gráfico, debe permitir un recorrido visual. El resultado puede ser estático o exportarse en vídeos explicativos cortos.

Para que funcione, el *storytelling* visual debe proporcionar un contexto fácilmente identificable y proponer una serie de elementos visuales articulados entre sí de forma lógica. Esto, junto con la elección de las ilustraciones y la organización del espacio, hará que tu sktechnote genere un itinerario visual y pueda presentarse como si fuera un relato.

El *storytelling* visual ayuda a transmitir un mensaje de manera sucinta, atractiva y fácilmente recordable. Realizar sketchnotes sobre una gran superficie y a la vista de todos durante una reunión o un acto contribuye así a simplificar las ideas intercambiadas y a ponerlas en valor, además de a captar la atención de los participantes. Esa es la razón por la que cada vez más empresas y organizaciones recurren a facilitadores gráficos, capaces de traducir en directo, en un gran formato y mediante el sketchnoting, las interacciones sobre los temas tratados. Como cada sección de la sketchnote puede ir asociada a un momento preciso de la discusión, el itinerario que describe ayuda a revivir esos intercambios, facilitando la memorización a largo plazo.

Sin tener que ser un facilitador gráfico profesional, un jefe de equipo podrá también animar de este modo una reunión elaborando una sketchnote en gran formato para captar las ideas esenciales y reconfigurarlas en forma de relato.

Con una aplicación como Office Lens de Microsoft, o incluso CamScanner, resulta fácil fotografiar tu sketchnote y optimizarla antes de compartirla como imagen o PDF al final de una reunión.

Hacia la facilitación gráfica y el registro gráfico

La facilitación gráfica es una práctica que utiliza las herramientas gráficas para favorecer la conversación y la reflexión colectiva dentro de un grupo, con el objetivo de construir una visión común. La facilitación gráfica sirve, alimenta y acompaña a un proceso de colaboración.

Como hemos visto anteriormente, la facilitación gráfica tiene sus orígenes en California, en los años 70, y fue desarrollada por consultores innovadores.

El registro gráfico o *graphic recording* forma parte de las prácticas de facilitación gráfica y es un proceso de convergencia y de síntesis: se centra en la recogida de información, en su análisis y en su traducción visual.

El testimonio de Robert Dimeo

Robert Dimeo Robert Dimeo es físico y director del Centro Nacional de Investigación sobre el Neutrón en Estados Unidos. Es autor de múltiples sketchnotes sobre temas científicos.

Robert sentía la necesidad de conocer mejor a los científicos que trabajaban en el centro que dirige, así como sus temas de investigación. Así que decidió asistir a tantas presentaciones y conferencias como pudiera, en las que tomaba notas usando el sketchnoting.

Partiendo de un nivel "muy bajo" según sus propias palabras, desde entonces no ha dejado de mejorar. Según Dimeo, las principales ventajas del sketchnoting son:

- aprehender rápidamente los puntos clave de una presentación;
- poner en valor el contenido de las presentaciones y poder compartirlo después;
- recordar mejor los apuntes que se toman;
- disfrutar tanto tomando notas como releyéndolas.

Hoy en día, las sketchnotes de Robert Dimeo son compartidas por muchos investigadores y algunos científicos de su entorno han decidido meterse en el sketchnoting. Sus apuntes visuales, además, están disponibles en su página de la red social Flickr.

@Rob_Dimeo — Cortesía del National Institute of Standards and Technology

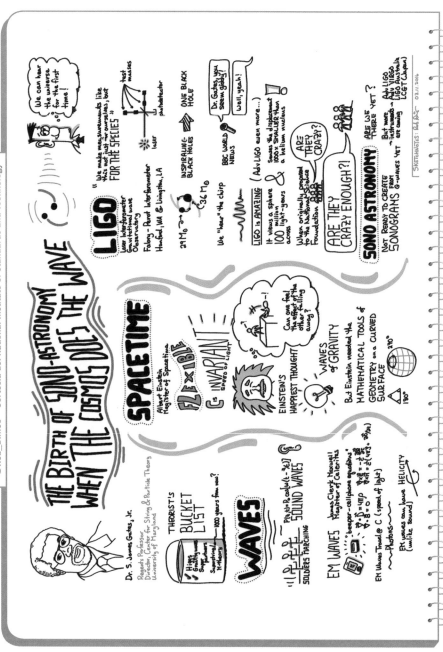

Un estilo de presentación más visual

Adentrarse en el sketchnoting implica ejercitarse cada día en el pensamiento visual. Pensar en términos de imágenes, de metáforas y de coherencia gráfica contribuirá activamente a hacer que el estilo de tus presentaciones resulte mucho más visual y atractivo.

Te sorprenderás a ti mismo fijándote más en la tipografía, en el diseño, en los pictogramas, porque tu ojo se agudizará.

Crear presentaciones con el estilo sketchnoting

Como muestra la ilustración que puedes ver abajo, la primera diapositiva de una imagen en PowerPoint, es perfectamente posible recuperar los monigotes, los diagramas y todas las imágenes que hayas empleado en tus sketchnotes para usarlas luego en una presentación particularmente creativa. Para ello tendrás que escanear previamente los dibujos e ilustraciones que hayas hecho a mano. Para preservar el estilo propio del sketchnoting, recomendamos utilizar una familia tipográfica apropiada (ver los tipos de letra recomendados).

En el ejemplo que se muestra debajo, hemos utilizado la tipo Moon Flower, con una bandera para el título y la familia Estoy Bueno para componer el subtítulo. También encontramos dos figuras (un monigote y un diagrama de burbujas).

¡Hora de jugar!

En nuestros talleres de formación nos encontramos con participantes, tales como directivos y jefes de equipo, que no se atreven a reivindicarse como practicantes del sketchnoting por miedo a que les tomen por "chistosillos que se dedican a dibujar". Nosotros estamos convencidos de que, cuando el sketchnoting se haga un hueco y más y más gente lo utilice en su trabajo, estas personas reticentes saldrán del armario.

Para ir introduciendo el sketchnoting en tus presentaciones, te aconsejamos que pruebes siempre primero en situaciones sin riesgo; ya sea en una reunión en la que hay poco en juego y con gente con la que tienes confianza, ya sea en tu ámbito privado, para coger soltura.

También puedes colgar en tus redes sociales las presentaciones que hagas que te parezcan pertinentes y compartibles.

¡Adelante!

» LA PROFESIONAL DEL SKETCHNOTING EN ACCIÓN: CINCO PREGUNTAS A ALMUDENA ROMÁN

Almudena Román es directora general del banco ING Direct en España. Su empresa cuenta con un millar de empleados y unos tres millones de clientes en la península ibérica. Almudena fue elegida como una de las 10 directivas más influyentes de España en 2016.

Sabíamos que Almudena usaba el sketchnoting, sobre todo para ilustrar sus propuestas durante sus presentaciones. Aceptó responder a nuestro cuestionario sin dudar y se lo agradecemos.

1 ¿Desde cuándo utilizas los apuntes visuales o sketchnoting?

Desde la adolescencia. Desde los 13 años, cuando aprendí a hacer resúmenes para estudiar. Me divertía añadiendo dibujos para sintetizar visualmente las ideas principales y memorizarlas mejor.

❷ ¿Cómo descubriste esta técnica?

Supongo que la descubrí sola, porque ya me encantaba leer cómics. Más tarde, gracias a internet, empecé a oír hablar de técnicas como los mapas mentales y los mapas visuales.

❸ ¿Cuáles son, para ti, las ventajas del skecthnoting?

El sketchnoting permite sintetizar y obliga a reducir un mensaje a su esencia. Eso ayuda también a "jugar" con las ideas, a desarrollar la creatividad. Las asociaciones de ideas se multiplican y nos permiten profundizar en un tema. Personalmente, el sketchnoting me ayuda a asimilar mejor el mensaje que deseo transmitir y a desarrollar mi propuesta a través de un lenguaje único.

❹ ¿Cuáles son los principales usos que le das a esta técnica?

La utilizo sobre todo a nivel individual para profundizar y comprender las asociaciones de ideas, para preparar mis conferencias y darles cierto valor añadido.

De manera ocasional, decido compartir mis sketchnotes con mi audiencia o mis colegas como si se tratara de un regalo, cuando tratamos un tema en particular y soy yo quien ha preparado la presentación y no mis colaboradores (que me ayudan a preparar numerosas presentaciones durante el año). Me parece más divertido que las presentaciones clásicas en PowerPoint.

❺ ¿Cómo suele reaccionar tu entorno al ver tus sketchnotes?

¡Jajaja! ¡Deben de pensar que estoy un poco loca! Despiertan su curiosidad. Me gusta dibujar, pero sin rigor ni ambiciones artísticas. Mi entorno sabe que dibujo a menudo, así que diría que lo aceptan como una parte de mí.

Otros piensan que no tengo vergüenza alguna. Y es cierto, para mí estas sketchnotes no tienen valor artístico; constituyen, sobre todo, un recurso para asociar y sintetizar mejor las ideas.

Almudena Román (@almudenaroman) — Presentación del 22 de junio de 2016 — Lanzamiento de la estrategia "People in Progress" de ING Direct España

9 Comunicar creando infografías

» LOS HECHOS

En un entorno crecientemente digital, son numerosas las empresas e instituciones que se comunican a través de infografías. Los grandes periódicos poseen departamentos especializados en la creación de infografías, que cada vez ocupan más espacio en el contenido editorial.

Las pantallas han transformado nuestra forma de "consumir" la información. Los internautas y "movilnautas" quieren informarse de lo esencial con solo un vistazo. No tienen ni el tiempo ni el espacio visual necesario (en las pantallas de los dispositivos móviles) para disponer de todos los detalles de un asunto determinado.

Ofrecer la información de forma más clara, más atractiva, más sintética, más rápida de asimilar, más fácil de comprender y de memorizar, ese es el objetivo de la infografía.

En Francia, la cuenta de Twitter de la Seguridad Social comparte a menudo sus infografías para comunicarse de forma sintética y visual. ¿Increíble? No, solo "muy conectado".

El Ministerio de Educación también ofrece infografías que permiten a los usuarios captar rápidamente y de manera muy pedagógica la información principal.

Los asuntos de actualidad, como la reforma digital del sistema nacional de enseñanza para secundaria, reciben un tratamiento infográfico.

⟩⟩ ¿Y SI LO HACEMOS DE OTRA MANERA?
DEL SKETCHNOTING A LA INFOGRAFÍA

Aunque la infografía sea hoy en día un recurso propio, sobre todo, de agencias especializadas, cualquiera puede, a su nivel, crear una usando herramientas sencillas y gratuitas que le permitan comunicar de manera más sintética y visual la información relativa a cualquier asunto.

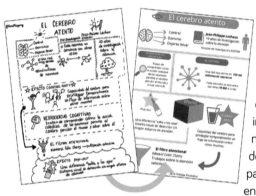

Aunque una sketchnote sea, por definición, sinóptica e ilustrada, puede darse el caso de que a otra persona le resulte difícil interpretarla. Puede también suscitar cierto rechazo en personas que no están habituadas a este tipo de producciones. Y es en este punto donde la infografía nos puede ayudar a transformar nuestros apuntes visuales en materiales de apoyo fácilmente comunicables y compartibles con nuestros colegas, o accesibles en la red, en sitios web, redes sociales...

En estos casos, la sketchnote puede constituir un primer prototipo a partir del cual podemos crear luego nuestra infografía. En la primera ya habremos simplificado la información, buscado los datos esenciales, identificado las palabras claves, creado los títulos y subtítulos y elegido las metáforas que usaremos para nuestra propuesta. Por lo tanto, ya habremos pensado el contexto visual pero también la manera de organizar el espacio, siguiendo siempre el "método de una página" (*one page method*). De este modo, ya habremos adelantado gran parte del trabajo de concepción de la infografía gracias al sketchnoting.

Con ayuda de herramientas online y gratuitas, como Easel.ly® o Canva®, podemos realizar una infografía rápidamente gracias a una interfaz sencilla, intuitiva y clara. Adviértase que Canva® está también disponible como aplicación para iPad.

Para ilustrar nuestra propuesta, hemos tomado como punto de partida una sketchnote que habla de las primeras páginas de la obra *Le Cerveau attentif* ('El ciervo atento'), de Jean-Philippe Lachaux.[13]

13 Jean-Philippe Lachaux, *Le Cerveau attentif: Contrôle, maîtrise et lâcher-prise*, Odile Jacob, París, 2013.

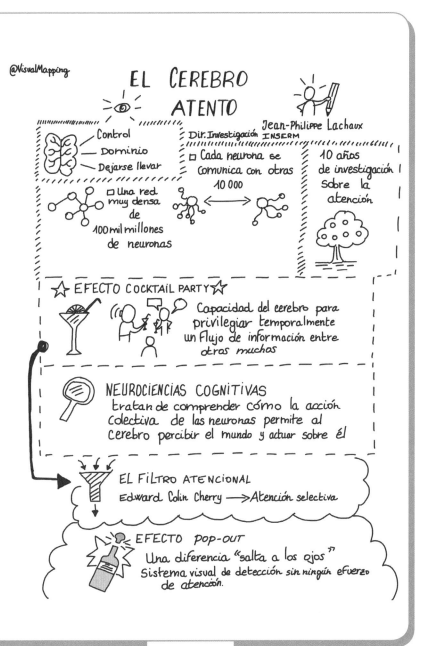

@VisualMapping

EL CEREBRO ATENTO

Jean-Philippe Lachaux
Dir. Investigación INSERM

- Control
- Dominio
- Dejarse llevar

☐ Cada neurona se comunica con otras 10 000

10 años de investigación sobre la atención

☐ Una red muy densa de 100 mil millones de neuronas

☆ EFECTO COCKTAIL PARTY ☆

Capacidad del cerebro para privilegiar temporalmente un flujo de información entre otras muchas

NEUROCIENCIAS COGNITIVAS

tratan de comprender cómo la acción colectiva de las neuronas permite al cerebro percibir el mundo y actuar sobre él

EL FILTRO ATENCIONAL
Edward Colin Cherry ⟶ Atención selectiva

EFECTO POP-OUT
Una diferencia "salta a los ojos"
Sistema visual de detección sin ningún esfuerzo de atención.

@heuristiquement

En esa fase de toma de apuntes visuales, ya hemos retenido los elementos esenciales y los hemos asociado a imágenes simples. Después, para crear nuestra infografía, hemos utilizado Canva®.[14] Se trata de un *software* muy intuitivo que ofrece numerosas imágenes simples, la mayoría de ellas gratuitas y otras a menos de un euro por imagen. También podemos insertar en la infografía otras imágenes que tengamos almacenadas en nuestro ordenador.

En este caso concreto, hemos usado imágenes gratuitas de Canva®, así como otras procedentes de nuestro ordenador.

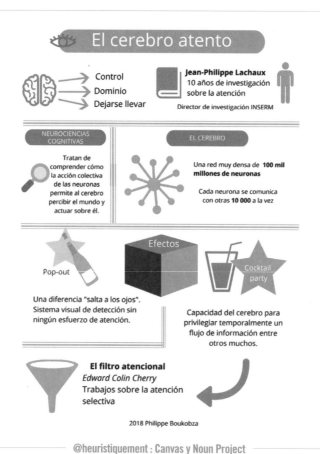

@heuristiquement : Canvas y Noun Project

EL TESTIMONIO DE PHILIPPE

Hace algunos meses, contactaron conmigo desde el colectivo #i4Emploi para crear una sketchnote que resumiera la iniciativa del mismo nombre. Creado en septiembre de 2015 para salvar una treintena de empleos y evitar el cierre de una fábrica en Corrèze, #i4Emploi utilizó Twitter para amplificar su acción y ayudar a las personas en busca de empleo.

El principio es sencillo y eficaz: se utiliza el hashtag #i4Emploi para facilitar que se compartan los tuits en los que los buscadores de empleo informan sobre su búsqueda e incluyen un vínculo a su perfil en Viadeo o LinkedIn.

A continuación, aquellos que desean participar ven los tuits en cuestión y los retuitean. El efecto red que se crea otorga una gran visibilidad a las demandas de empleo.

Con ese fin elaboré la siguiente sketchnote, que luego se compartió en Twitter. Algunas semanas más tarde, al observar mi sketchnote, pensé que ese tipo de material visual no era el más apropiado para ser difundido online y, menos aún, para ser consultado en un smartphone. Fue entonces cuando decidí intentar transformar la sketchnote en una infografía. Me lancé a hacerlo con el software online Easel.ly®.[15]

¡Nunca un contenido creado por mí se había compartido tanto en Twitter! La infografía es sin duda un medio eficaz de compartir información en la era digital.

Conclusión: si quieres crear una infografía, haz antes una sketchnote para crear una verdadera maqueta que te facilitará el trabajo.

---

15 http://www.easel.ly/

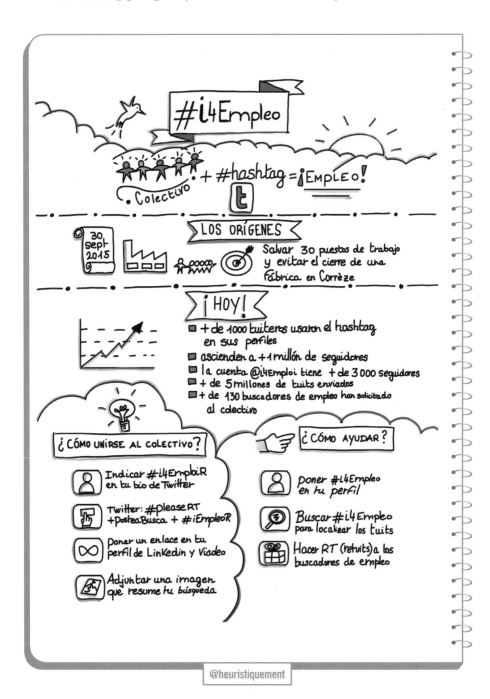

#i4Empleo

Colectivo + #hashtag = ¡EMPLEO!

LOS ORÍGENES

30 sept 2015

Salvar 30 puestos de trabajo y evitar el cierre de una fábrica en Corrèze

¡HOY!

- + de 1000 tuiteros usaron el hashtag en sus perfiles
- ascienden a +1 millón de seguidores
- la cuenta @i4Emploi tiene + de 3 000 seguidores
- + de 5 millones de tuits enviados
- + de 130 buscadores de empleo han solicitado al colectivo

¿CÓMO UNIRSE AL COLECTIVO?

- Indicar #i4EmploiR en tu bio de Twitter
- Twitter: #pleaseRT +PosteaBusca + #iEmpleoR
- Poner un enlace en tu perfil de LinkedIn y Viadeo
- Adjuntar una imagen que resume tu búsqueda

¿CÓMO AYUDAR?

- Poner #i4Empleo en tu perfil
- Buscar #i4Empleo para localizar los tuits
- Hacer RT (retuits) a los buscadores de empleo

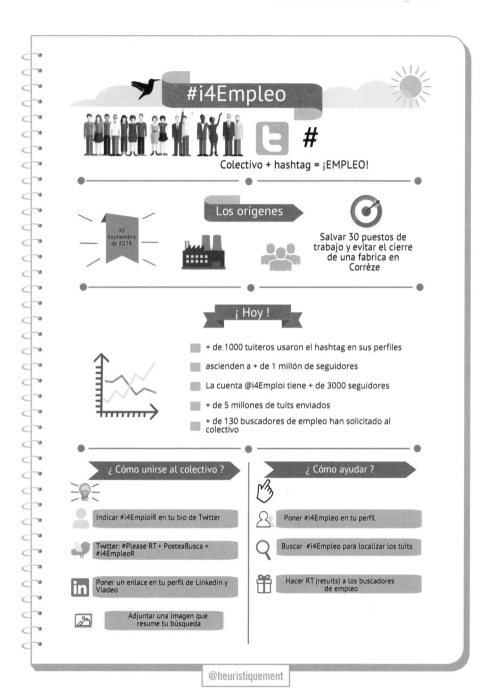

#i4Empleo

Colectivo + hashtag = ¡EMPLEO!

Los orígenes

30 Septiembre de 2015

Salvar 30 puestos de trabajo y evitar el cierre de una fabrica en Corrèze

¡ Hoy !

- + de 1000 tuiteros usaron el hashtag en sus perfiles
- ascienden a + de 1 millón de seguidores
- La cuenta @i4Emploi tiene + de 3000 seguidores
- + de 5 millones de tuits enviados
- + de 130 buscadores de empleo han solicitado al colectivo

¿ Cómo unirse al colectivo ?

- Indicar #i4EmploiR en tu bio de Twitter
- Twitter: #Please RT + PosteaBusca + #i4EmpleoR
- Poner un enlace en tu perfil de Linkedin y Viadeo
- Adjuntar una imagen que resume tu búsqueda

¿ Cómo ayudar ?

- Poner #i4Empleo en tu perfil
- Buscar #i4Empleo para localizar los tuits
- Hacer RT (retuits) a los buscadores de empleo

@heuristiquement

≫ EL PROFESIONAL DEL SKETCHNOTING EN ACCIÓN: CINCO PREGUNTAS A TANMAY VORA

Tanmay Vora es director de investigación y desarrollo de la multinacional finesa Baware Corporation, una empresa especializada en software de gestión. Afincado en la India, Tanmay es también autor de varios libros sobre los métodos de calidad y el modelo Lean Six Sigma. Escribe en el blog QAspire[16] (en inglés) y ha sido reconocido por cuarto año consecutivo como uno de los cinco *influencers* indios más importantes de la red en el ámbito de los recursos humanos. Tanmay Vora comparte regularmente sus sketchnotes en las redes sociales.

1 ¿Desde cuándo utilizas los apuntes visuales o sketchnoting?

Desde el colegio. Me acuerdo de usar siempre la última página de los libros para garabatear dibujos. Me ejercitaba también escribiendo mi nombre de diferentes maneras para experimentar con la tipografía y la rotulación. Más tarde, en el ámbito laboral, empecé a utilizar la anotación visual y diversos tipos de diagramas en entrevistas con clientes y en otras reuniones de trabajo. Pero fue en 2015 cuando empecé a usar el sketchnoting de verdad, y ojalá hubiera empezado antes.

2 ¿Cómo descubriste esta técnica?

Supe de la técnica de la toma de apuntes visuales leyendo una entrada sobre el tema en el blog de Abhijit Bhaduri.[17] Hace una década que escribo en mi blog sobre temas de liderazgo, aprendizaje y calidad. Con el sketchnoting he descubierto una nueva manera de facilitar la comprensión de mis ideas (para mí mismo y para los demás) y de compartirlas. También he aprendido mucho de la formidable comunidad de sketchnoters que hay en las redes sociales, de personas como Mike Rohde, Mauro Toselli y muchos otros que comparten generosamente sus descubrimientos.

---

16 www.qaspire.com
17 *Nota del ed.:* célebre autor y bloguero indio.

❸ ¿Cuáles son, para ti, las ventajas del skecthnoting?

Creo que la principal ventaja del sketchnoting es que simplifica el aprendizaje y facilita la comprensión, tanto para el autor como para sus lectores. Las metáforas permiten al cerebro "llenar los vacíos" y establecer conexiones entre las ideas y favorecer la síntesis de la información. En las sketchnotes encuentro un medio excelente para organizar y resumir las ideas de una forma que aumenta la atención y la implicación.

En su libro *Exprime tus neuronas. Doce reglas básicas para ejercitar la mente*,[18] John Medina explica que solo recordamos el 15 % de aquello que leemos (textos), el 35 % de aquello que vemos (imágenes) y el 65 % de aquello que leemos y vemos (texto + imágenes). Los apuntes visuales constituyen una excelente herramienta para crear sentido y comunicar fácilmente las ideas.

❹ ¿Cuáles son los principales usos que le das a esta técnica?

Uso el sketchnoting sobre todo para:
- simplificar el aprendizaje en mi caso y en el de los demás;
- sintetizar ideas sobre los temas del liderazgo, el aprendizaje y la calidad;
- generar sentido;
- la lluvia de ideas;
- la resolución creativa de problemas;
- la comunicación visual orientada a generar intercambios y promover el cambio.

❺ ¿Cómo suele reaccionar tu entorno al ver tus sketchnotes?

Las sketchnotes elaboradas a mano aportan una dimensión humana en un mundo cada vez más digitalizado, esa es la razón por la que la gente conecta inmediatamente con ellas. Mis lectores de Twitter y Facebook y los lectores de mi blog usan mis sketchnotes como recordatorios que condensan conceptos clave relacionados con el liderazgo y el aprendizaje. A menudo me encuentro mis propias notas colgadas en la pared de algunas de las oficinas que visito. Mis sketchnotes se han empleado en muchos actos y conferencias, como las

---

18 John Medina, *Exprime tus neuronas. Doce reglas básicas para ejercitar la mente*, Booket, Madrid, 2012.

charlas TEDx o congresos internacionales. Me siento inmensamente reconocido cuando mi trabajo interactúa con el mundo real y recibo comentarios positivos sobre cómo ayuda a otras personas en sus propios itinerarios de aprendizaje.

Del mismo modo que yo me he inspirado en otros para crear mis primeras sketchnotes, mi trabajo ha animado a otros a lanzarse con los apuntes visuales. Me siento muy afortunado de que mi trabajo inspire y motive a otras personas. Eso da sentido a lo que hago.

Sketchnote de Tanmay Vora (@tnvora)

PARTE
3

El rincón
del sketchnoter geek
y otros trucos

Cada maestrillo tiene su *kit* (cuadernos, bolis, rotuladores, etc.)

» ISABELLE

Yo siento necesidad de escribir, y me resulta frustrante, desde hace unos años, usar cada vez más los teclados. Cuando descubrí el sketchnoting, recuperé el verdadero placer de la escritura y del trazo.

Me encanta escribir con los bolis V-Ball 0.5 de Pilot®. Se deslizan sobre la hoja. Nunca hago borradores con lápiz de grafito para repasarlos después con bolígrafo o rotulador. Me gusta la idea de lanzarme directamente, sea cual sea el resultado. También utilizo un juego de seis bolis Faber-Castell® tipo roller con puntas diferentes, pero siempre acabo volviendo al 0.5.

Para las sombras empleo también los seis rotuladores con punta de pincel de la serie "shades of grey" (tonos de gris) de Faber-Castell®. Aportan un maravilloso efecto a los elementos de mis sketchnotes. Sin sombrear, me da la sensación de que la sketchnote es plana, mucho menos interesante. Con unos toques de sombreado, enseguida parece que empieza a "hablar".

Para colorear, prefiero los rotuladores de Stabilo®. Los colores son muy llamativos y combinan fenomenal entre ellos.

Soy una adicta a los cuadernos y las libretas, de todas las marcas, aunque me gustan especialmente las Moleskine® de hojas en blanco y las Fabriano® de hojas pautadas. Me gusta el formato A5, fácil de llevar en un bolso de mano.

También puedo dibujar en folios sueltos, pero me encanta ver la progresión de las ideas y los temas que esbozo al pasar las páginas de una libreta.

» PHILIPPE

Después de probar muchos bolis y rotuladores, me he decantado por los Uni Pin Fine negros de 0,5 mm, los bolis para dibujo de la marca Mitsubishi®.

La tinta de estos bolígrafos de dibujo es particularmente resistente a la luz y no se decolora. Por otra parte, permiten una gran precisión en el trazo.

Para añadir color me limito a tres rotuladores adicionales:
- un rotulador con punta de pincel Faber-Castell®, como el de Isabel, para crear las sombras y resaltar tanto las palabras como las ilustraciones. El modelo con el que me quedo es el Pitt Artist Pen "Warm Grey II";
- dos rotuladores con punta de pincel, uno azul claro y otro naranja de la marca Zig®, modelo "Art & Graphic Twin". Lo original de estos rotuladores, aparte de sus colores, muy llamativos, es que tienen dos puntas, una a cada lado. Una punta es tipo pincel y la otra es rotulador fino. Eso permite añadir color sobre una superficie considerable con el pincel y luego ganar en precisión usando la punta fina;
- para sketchnotes particularmente creativas, recomiendo los marcadores de la marca francesa Pébéo® "4 Artist Maker" de 2 mm. Al usar pintura al óleo, permiten un acabado con matices especialmente impactantes, con un brillo resistente a la luz y al tiempo;
- para sketchnotes particularmente creativas, recomiendo los marcadores de la marca francesa Pébéo® "4 Artist Maker" de 2 mm. Al usar pintura al óleo, permiten un acabado con matices especialmente impactantes, con un brillo resistente a la luz y al tiempo.

» AUDREY

En realidad no tengo un material predilecto. Me gustan muchos cuadernos y libretas diferentes, sobre todo si son originales y tiene una tapa un poco *vintage*. Como trabajo codo con codo con Isabelle, suelo cogerle sus bolis y rotuladores. Cuando recibo a mis pacientes, hago sketchnotes sobre cualquier tipo de papel y con el boli que tenga a mano. Luego añado el color para realzar el conjunto y darle la sketchnote a mi paciente.

 **11** Aplicaciones, programas, tabletas y otros juguetes tecnológicos

Hemos de reconocer que tenemos una especial afición por "coger lápiz y papel", por usar nuestras libretas y nuestros bolis y rotuladores favoritos sin depender de ninguna tecnología digital. Dicho esto, también hemos descubierto y probado aplicaciones y dispositivos conectados que merecen la pena. Son herramientas que siguen implicando el trabajo de la mano y que se aproximan al método tradicional de tomar apuntes visuales.

¡Ojo con el "efecto árbol de navidad"! Utilizar eficazmente estas nuevas herramientas significa, en nuestra opinión, saber preservar la simplicidad y evitar un empleo exagerado de los efectos visuales y otras ornamentaciones. Hemos observado cómo más de un sketchnoter, llevado por el entusiasmo ante las posibilidades que ofrecen ciertas aplicaciones, ha empezado a perder en sencillez y claridad al producir notas visuales completamente saturadas de efectos. A eso es a lo que nos referimos con el "efecto árbol de navidad"..

⟫ APLICACIONES

Existen, entre las de Android y las de iOS, ¡más de 4 millones de aplicaciones en el mercado! No es nuestro deseo abrumarte con miles de referencias y listas de aplicaciones disponibles.

Vamos a recomendar una selección de aquellas que hemos probado y que nos parecen realmente útiles para el sketchnoting.

Paper® de FiftyThree®®

Esta es una de las aplicaciones más populares para iPad. Permite crear sketch-notes particularmente expresivas. Es gratuita en su versión básica y basta para crear bellas notas visuales. Para sacarle más partido, FiftyThree® vende también un lápiz táctil conectado por bluetooth. La precisión y la sensación son óptimas.

Disponible en iOS.

Debajo puedes ver una sketchnote realizada con Paper® por Maite Rubio (@garainfo1) durante un evento sobre pensamiento visual.

@garainfo1

Tayasui Sketches®

Aunque menos popular que Paper entre los sketchnoters, esta aplicación ofrece un nivel de precisión notable y permite elaborar apuntes visuales de calidad. La versión gratuita es más que suficiente para el sketchnoting.

Disponible en iOS y Android.

Autodesk SketchBook® Pro

Sencillo de aprender e intuitivo, el SketchBook® tiene una versión gratuita con prestaciones suficientes que han seducido a más de uno entre los sketchnoters. Disponible en iOS, Android y Windows.

Procreate®

Una aplicación de dibujo particularmente avanzada, dirigida a usuarios que buscan un alto grado de precisión en las creaciones gráficas. Es la aplicación favorita del célebre sketchnoter Robert Dimeo. Es de pago, pero el precio es razonable.

Disponible en iOS.

Bizz Draw®

Más que una aplicación para crear sketchnotes, es una fuente de inspiración. Bizz Draw® es una aplicación gratuita. Editada por Gridd, una consultora holandesa de innovación, ofrece más de 100 propuestas de pictogramas y dibujos sencillos que se pueden usar para tomar notas, en reuniones, etc.

Cada imagen va asociada a palabras clave y la aplicación dispone de una opción de búsqueda de imágenes por estas palabras clave (en inglés).

Disponible en iOS y Android.

CamScanner®

He aquí una aplicación para fotografiar nuestras sketchnotes, mejorarlas y compartirlas. CamScanner® detecta los bordes de aquello que queremos capturar y optimiza la imagen con gran eficacia. El resultado puede compartirse luego en formato JPEG o PDF.

Disponible en iOS, Android y Windows Phone.

Microsoft Office Lens®

Como CamScanner®, Office Lens® permite optimizar la captura de una sketchnote para luego compartirla fácilmente.

Disponible en iOS, Android y Windows Phone.

⨠ PROGRAMAS

Los programas que recomendamos aquí son gratuitos y se pueden usar *online*.

Easel.ly®

Easel.ly®, como hemos dicho un poco más arriba, es uno de los mejores sitios web para crear infografías. La inserción de textos, flechas, gráficos y diagramas es muy sencilla: lo único que hay que hacer es arrastrar los objetos a la página de edición y redimensionarlos.

También permite insertar todo tipo de imágenes, ya sean las propuestas por el sitio, o las importadas de nuestro ordenador. Los archivos que se crean pueden guardarse en formato PDF y JPEG.

Canva®

Canva® es un programa online pero también una aplicación para iPad y iPhone. Concebido para crear todo tipo de dibujos, *collages*, fotos, carteles, etc., es una de las herramientas más recomendadas por diseñadores gráficos. Para los sketchnoters, representa una solución intuitiva y eficaz a la hora de elaborar infografías elegantes a partir de las sketchnotes.

Gratuita con opciones de pago.

⨠ TABLETAS Y DIPOSITIVOS CONECTADOS

Pensamos que las tabletas y dispositivos conectados (lápices y pizarras digitales) aportarán cada vez más ventajas a los sketchnoters, permitiéndoles compartir fácil y rápidamente sus notas visuales en los espacios digitales de comunicación. Otra ventaja añadida de estas nuevas herramientas es la posibilidad que ofrecen de almacenar y de retocar fácilmente las sketchnotes.

iPad y iPad Pro

Como hemos visto anteriormente, el iPad constituye una opción muy práctica para crear sketchnotes digitales. Usando la aplicación apropiada, podemos transformar nuestro iPad en una herramienta de toma de apuntes visuales. El iPad Pro, más caro, también es una herramienta particularmente potente. Es capaz de analizar 240 veces por segundo la señal del Apple Pencil (el lápiz digital que viene como opción en Apple®) para materializar la imagen en la pantalla con un resultado impresionante. El iPad Pro incorpora una tecnología de detección de la palma de la mano, lo que permite posar la mano sobre la pantalla cuando estás usando el Apple Pencil.

Es una herramienta que ofrece un nivel de precisión notable. El punto fuerte del iPad Pro es que permite combinar la tecnología táctil, una pantalla grande y numerosas aplicaciones de pensamiento visual disponibles en App Store.

La Slate®

Lanzada por iskn, una *start-up* de Grenoble, la Slate® es una pizarra digital inteligente sobre la que basta superponer una hoja o un cuaderno de croquis de formato A5. Acoplada a una banda magnética, "The Ring", que puede adaptarse a todo tipo de lápiz, bolígrafo o rotulador, la Slate® digitaliza instantáneamente nuestros dibujos en papel y los pasa al iPad, Mac o PC, lo que nos permite seguir dibujando con nuestros lápices favoritos.

La idea es asociar lo placentero de dibujar con papel y lápiz con la potencia de lo digital. Nosotros hemos probado la primera versión, la Slate® 1, que desde entonces se ha agotado. En otoño de 2016 salió la Slate® 2, una nueva versión de esta pizarra digital todavía más potente.

Bibliografía comentada

📖 *Je dis enfin stop à la pression: 5 étapes pour se libérer*
('Yo digo fin a la presión: 5 etapas para liberarse')
Audrey Akoun e Isabelle Pailleau, Éditions Eyrolles, 2014.

Este libro está escrito para retorcerle el cuello a la presión constante y destructiva que nos invade en el trabajo, en la pareja, en casa o en las aulas. Para dejar de creer que la presión es necesaria y que forma parte de una manera "normal" de vivir. Un buena forma de comprender que las cosas "hechas" son mejores que las cosas "perfectas", de acabar con esa "perfección" que nos impide intentar nuevas vías. Ideal para dejar a los superhéroes en el armario y reencontrar el placer de vivir, de aprender y de trabajar sencillamente.

📖 *Pedagogía positiva. Consigue que tus hijos disfruten aprendiendo (en casa y en la escuela).*
Audrey Akoun e Isabelle Pailleau, Planeta, 2015.

Aunque esta obra iba destinada en su origen a padres y docentes, la pedagogía positiva está entrando hoy también en la empresa. Podemos aprender a trabajar disfrutando, haciendo esfuerzos que nos hagan mejores y nos hagan crecer. Este éxito de ventas nos permite adentrarnos de lleno en este enfoque en el cruce entre psicología positiva y aprendizaje.

📖 *The Doodle Revolution: Unlock the Power to Think Differently*
('La revolución del doodle: descubre el poder de pensar de otro modo')
Sunni Brown, Portfolio Penguin, 2015.

Sunni Brown, consultora y experta de reconocido prestigio internacional en el campo del pensamiento visual, presenta en este libro en inglés los puntos clave para una alfabetización en pensamiento visual con vistas a su aplicación profesional. Muy interesante para descubrir las ventajas de emplear dibujos sencillos en el trabajo, con numerosas ideas para ponerse manos a la obra.

📖 *Ed Emberley's Drawing Book: Make a World*
('El libro de dibujo de Ed Emberley: crea un mundo')
Ed Emberley, LB Kids, 2006.

Ed Emberley es un ilustrador y dibujante estadounidense. Ha publicado numerosos libros infantiles, así como gran cantidad de métodos, muy sencillos, para dibujar toda suerte de motivos. Se trata de dibujos pequeños y simples, combinaciones de formas que todo el mundo es capaz de realizar: rectángulos, cuadrados, círculos, semicírculos, trazos que se unen para formar objetos, vehículos, edificios, animales, personajes... Una fuente de inspiración excelente para dibujar con sencillez y eficacia.

📖 *Encyclopédie visuelle: 1 400 dessins, croquis, pictos, crobards au service de vos idées* **('Enciclopedia visual: 1400 dibujos, croquis y pictogramas al servicio de tus ideas')**
Bernard Lebelle, Guillaume Lagane y Nicolas Gros, Éditions Eyrolles, 2015.

Este libro-herramienta propone un recorrido acelerado que permite comprender y dominar las técnicas básicas del dibujo, entendiéndolo como herramienta para compartir ideas en el entorno empresarial. Incluye también una enciclopedia visual con 385 términos, ilustrado cada uno con tres imágenes con diferente nivel de complejidad, de la más simple a la más difícil.

📖 *The Sketchnote Handbook: The Illustrated Guide to Visual Notetaking*
('Iniciación al sketchnoting: guía ilustrada para la toma de apuntes visuales')
Mike Rohde, Eyrolles, 2016.

Una obra muy visual escrita por Mike Rohde, el experto en sketchnoting más reconocido mundialmente.

Basado en la propia experiencia y la pedagogía de Mike Rohde, esta publicación brillantemente ilustrada está llena de trucos, consejos, ejercicios y ejemplos.

Esta es, sin lugar a dudas, una referencia imprescindible para el sketchnoting.

📖 *The Sketchnote Workbook : Advanced techniques for taking visual notes you can use anywhere* ('Cuaderno de trabajo de sketchnoting: técnicas avanzadas para tomar notas visuales que puedes usar en cualquier parte)
Mike Rohde, Peachpit Press, 2014.

Publicado como continuación del célebre *Sketchnote Handbook*, este libro se presenta como un cuaderno de ejercicios prácticos para todos aquellos que deseen profundizar en la práctica del sketchnoting: resúmenes de métodos y técnicas básicos, ejercicios prácticos, creación de tu propia biblioteca de imágenes, etc. Una vez más, Mike Rhode firma una obra muy completa y ricamente ilustrada.

📖 *Beyond Words : A Guide to Drawing Out Ideas* ('Más allá de las palabras: una guía para dibujar ideas')
Milly R. Sonneman, Ten Speed Press, 1997.

Con este libro, aprenderás a crear pictogramas para representar tus ideas. Contiene numerosas ideas aplicables y ejercicios que te ayudarán a mejorar tus sketchnotes. Una obra particularmente agradable e inspiradora.

📖 *Sketching at work : A Guide to Visual Problem Solving and Collaboration for Managers, Consultants, Sales Professionals, Trainers and Facilitators* (Sketchnoting en acción: una guía para la resolución de problemas visuales y la colaboración dirigida a directivos, consultores, comerciales, formadores y facilitadores')
Martin J. Eppler y Roland Pfister, Institute for Media and Communications Management, University of St. Gallen, 2012.[19]

Una guía muy práctica para utilizar dibujos sencillos en las reuniones, ya sea en el cuaderno o en una pizarra: para lluvias de ideas, estrategias, marketing... Más de 40 modelos muy prácticos, resultado de las investigaciones en gestión y administración empresarial de la universidad suiza de Saint-Gall.

---

19 Este libro está a la venta en internet en la dirección siguiente:
http://www.sketchingatwork.com/index.php/en/

📖 *Une histoire sans mots*
('Una historia sin palabras')
Xu Bing, Éditions Grasset, 2013.

He aquí una obra lúdica que agradaría al mismo Champollion, el egiptólogo que descifró la piedra Rosetta. Una verdadera historia, contada enteramente mediante pictogramas y en poco más de 100 páginas. Lúdica e interesante, una buena manera de desarrollar nuestra capacidad para interpretar pictogramas y otros emoticonos.

📖 *Bikablo® – Neuland®*

Esta recopilación de imágenes constituye una rica fuente de recursos para todos aquellos que desean desarrollar su vocabulario gráfico. Aquí hallarás principios gráficos sencillos y eficaces para aprender a dibujar fácilmente objetos, símbolos, personajes, situaciones...

📖 *La Simplexité*
('La simplejidad')
Alain Berthoz, Éditions Odile Jacob, 2009.

Alain Berthoz, neurofisiólogo y profesor del Collège de France, nos habla en esta obra de este nuevo concepto surgido de la contracción de los términos *simplicidad* y *complejidad*. Fundándose en sus propias investigaciones y apoyándose en numerosos ejemplos, el autor presenta la "simplejidad" como una nueva manera de plantear los problemas y de llegar a encontrar soluciones elegantes, rápidas y eficaces. Un enfoque que toca de cerca la utilización de herramientas del pensamiento visual como el sketchnoting.

13 Sitios web y redes sociales: ¡abre bien los ojos!

A medida que tu ojo se vaya agudizando, empezarás a fijarte cada vez más en cosas e ideas que enriquezcan tu cultura visual. Querrás buscar y averiguar qué tipografía es la que has visto en tal página web o en tal revista, te interesarás por las paletas de colores o por los iconos usados en tal infografía. Es precisamente para responder a esta necesidad creciente de salvaguardar las fuentes de inspiración visual para lo que se creó la red social Pinterest. Entrando en el sitio web o usando la aplicación, podemos crear y compartir colecciones de imágenes, de fotos o vídeos que queremos guardar. Los sketchnoters usan masivamente esta red social.

También está la red Flickr, originalmente especializada en intercambio de fotos, y en la que sketchnoters como Eva-Lotta Lamm o incluso Robert Dimeo comparten sistemáticamente sus apuntes visuales.

Si lo que deseas es buscar información sobre la marcha y en tiempo real y estar entre los primeros en informarse sobre una cuestión, Twitter e Instagram son una buena elección. La comunidad de sketchnoters es internacional. Hemos decidido compartir también con vosotros las cuentas de Twitter e Instagram de algunos de los sketchnoters que más nos inspiran y cuyo espíritu nos encanta.

Francia

- Isabelle Pailleau : @isapailleau
- Philippe Boukobza : @heuristiquement
- Audrey Akoun : @akounaudrey
- Caroline Roy : @Ca_Roy_line
- Magalie Le Gall : @magalielegall
- Marc Dugué : @Marc_DUGUE
- Marc Bourguignon : @100978Marc

Bélgica
- Chris Malapitan : @chriskem

Alemania
- Sketchnotes by Diana : @dianasoriat
- Andrea Brücken : @dieHauteCulture
- Katharina TheisBröhl, sketchnoteuse scientifique : @theiskbt
- Eva-Lotta Lamm : @evalottchen

Países Bajos
- Denkschets.nl : @Denkschets

India
- Tanmay Vora : @tnvora

Estados Unidos
- Mike Rohde : @rohdesign
- Sketchnote Army : @SketchnoteArmy
- Binaebi Akah : @siriomi
- Kate Rutter : @katerutter

Inglaterra
- Sketchnote London : @sketchnoteLDN
- Dr. Makayla Lewis : @maccymacx

Italia
- Mauro Toselli : @xLontrax

En Español
- Montse Martín @Negrevernis
- Miryam Artola @miryamartola
- Dibujario @dibujario
- Tatiana Rocha @rochatatianas
- Garbiñe Larralde @garbinelarralde
- Fernando Viejo-Fluit @bevisualthinker
- Andy Baraja @andybaraja_

- Visual Thinking BCN @LorenaEstevez_
- Ramón Besonías @ramon_besonias
- Mareike Plüschke @creamundivity

En Instagram

- audreyakoun
- isabellepailleau
- philippeboukobza
- elenaurizar.eu
- visualmentefg
- garainfo1
- natatomteach
- coachingvisual
- justvisualthinking
- @fabadiabadenas
- jrgsanta
- suniferaco
- maria.batet
- melissadibuja
- @dibupuntes
- inkandpaintpots
- andybaraja_
- r_copete
- garbinelarralde
- visualversa
- rob_dimeo
- rohdesign
- sketching4agile

Sitios web recomendadoss

- www.sketchnoting-factory.fr
  Sitio web dedicado a este libro y a la comunidad francófona de sketchnoters.
  Aquí podrás encontrar ejemplos, trucos, recursos y otros consejos para prac-
  ticar, aprender e intercambiar información sobre el tema de las notas visuales.

- www.heuristiquement.com
  El blog de Philippe Boukobza sobre la actualidad del pensamiento visual,
  del sketchnoting, de los mapas mentales y de otras herramientas visuales.

- http://napkinfinance.com
  Un sitio web muy inspirador creado por un antiguo estudiante de Harvard,
  quien, con el fin de aprender mejor los conceptos financieros, se puso a dibujar
  cada uno de ellos en una servilleta de papel. Contiene múltiples sketchnotes
  para clarificar nociones financieras.

Agradecimientos

Queremos dar las gracias a nuestra editora por habernos apoyado siempre y de manera incondicional para llevar a cabo este proyecto. ¡Gracias, Gwen!

Agradecemos también a todo el equipo de Éditions Eyrolles, que nos acompaña y gracias al cual puedes sostener este libro en tus manos. ¡Gracias, Aurélia; gracias, Sandrine; gracias, Béatrice; gracias, François!

Queremos agradecer su confianza y su participación en este libro a los pros del sketchnoting Almudena, Maite, Robert, Marc, Tanmay y Raynald.

Por último, gracias a nuestros cónyuges, Fanie, Philippe y Romain, por su apoyo incondicional, y a nuestros 10 hijos maravillosos, Camille, Marie, David, Antoine, Garance, Julie, Benjamin, Hannah, Mélanie y Aaron, quienes todavía nos toman por unos dibujantes de garabatos.

Biografías de los autores

Audrey Akoun es terapeuta cognitivo-conductual e Isabel Pailleau es psicóloga clínica especializada en trabajo y aprendizaje. Terapeutas familiares y formadoras certificadas en mapas mentales, también trabajan en el ámbito empresarial, concretamente en prevención de riesgos psicosociales.

Son muy activas en las redes sociales: www.lafabriqueabonheurs.com y la página de Facebook asociada.

Philippe Boukobza es creador de programas de formación sobre pensamiento visual, innovación y mapas mentales. Su actividad lo ha llevado a acompañar a diversas organizaciones y profesionales en la utilización de herramientas innovadoras.

Philippe comparte sus descubrimientos en el blog www.heuristiquement.com.

¡Los tres practican el **sketchnoting** cada día!

Hay quien sale de casa con un móvil y va tomando fotos del mundo que le rodea, y hay quien sale de casa con un cuaderno de dibujo. La diferencia es que mientras dibujamos algo no solo capturamos la realidad, sino que la repensamos e, incluso, la inventamos.

INTUICIÓN, ACCIÓN, **CREACIÓN**
GRAPHIC DESIGN THINKING

ELLEN LUPTON (ed.)

GG®

¿Cuáles son las técnicas y herramientas para idear en clave gráfica? En el proceso de diseño, los conceptos y soluciones habitualmente son el resultado de la aplicación deliberada de ciertos procedimientos. Este libro explora algunas de estas técnicas y proporciona una guía práctica y visual para conciliar análisis e intuición en el desarrollo de proyectos de diseño gráfico.

Inspirado en el mítico *Hagakure* de los samuráis, este libro recoge 30 sugerentes máximas de los grandes creativos de nuestro tiempo y te plantea 30 katas o ejercicios para que te liberes de todo aquello que lastra tu creatividad.